Sorgenfrei in Minuten

W0243693

Rainer und Regina Franke

Sorgenfrei in Minuten

INTEGRAL

Das vorliegende Buch ist sorgfältig erarbeitet worden. Dennoch erfolgen alle Angaben ohne Gewähr. Weder Autor noch Verlag können für eventuelle Nachteile oder Schäden, die aus den im Buch gemachten praktischen Hinweisen resultieren, eine Haftung übernehmen.

Integral Verlag
Integral ist ein Verlag der Verlagsgruppe Random House GmbH

ISBN 3-7787-9147-8

1. Auflage 2005
© 2005 by Integral Verlag, München,
in der Verlagsgruppe Random House GmbH
Alle Rechte sind vorbehalten. Printed in Germany.
Einbandgestaltung: Hauptmann und Kompanie Werbeagentur, Zürich – München
unter Verwendung eines Motivs von Rainer und Regina Franke
Illustrationen: Reinert und Partner, München
Herstellung: Helga Schörnig
Gesetzt aus der Berling 10,7/14,7 pt bei Leingärtner, Nabburg
Druck und Bindung: GGP Media GmbH, Pößneck

Inhalt

Einleitung

Sorgenfrei in Minuten … ein hoher Anspruch?

Lassen Sie uns Ihnen ein Beispiel erzählen. Seit ihrer Kindheit litt Birgit W. unter Höhenangst. Mehr als drei Stufen einer gewöhnlichen Haushaltsleiter konnte die Berlinerin nicht erklimmen, Brücken waren für sie wie für Hunderttausende ihrer Leidensgenossen ein beinahe unüberwindliches Hindernis. Als Frau W. zu einer Ausgabe der Talkshow »Fliege« eingeladen wurde, musste sie die lange Reise von Berlin nach München mit dem Zug antreten – zu fliegen hätte sie sich nicht getraut.

Und dann? Nach 55 Minuten »Fliege« war Birgit W. ihre Phobie los. Sie betrat eine Hebebühne, ließ sich heiter und völlig entspannt in sechs, sieben Meter Höhe transportieren – so weit der Hubtisch eben auszufahren war.

Ein Wunder? Jedem, der sich eine Vorstellung von den Qualen machen kann, die Höhenängstliche erleiden müssen, wird es so vorkommen. Schweißausbrüche, Herzrasen, Zittern, dazu die Folgewirkungen: Vermeidungsstrategien, dramatische Verringerung des Selbstbewusstseins … ein Martyrium. Und an Angststörungen dieser oder anderer Art leiden immerhin fünfzehn Prozent der Bevölkerung. Konfrontationstherapien versprechen Abhilfe und sind manchmal auch erfolgreich, erfordern aber einen enormen Zeit- und Kostenaufwand.

Doch zurück zu Birgit W. Rainer hatte das Privileg, sie bei »Fliege« etwa 20 Minuten lang mit Meridian-Energie-Techniken (MET) behandeln zu dürfen. Dabei handelt es sich – ganz kurz gesagt – um einen Zweig der Energetischen Psychologie, eine ursprünglich aus den USA stammende lösungsorientierte Methode, die aus einer Kombination von mechanischer Einflussnahme auf die Energiebahnen im Körper (»Beklopfen«) mit mentaler Einstimmung auf die Lösung des belastenden Problems besteht.

Die schnelle und durchgreifende Wirkung, die unsere Meridian-Energie-Techniken auf Frau W. hatten, hat mich natürlich nicht überrascht. Und dennoch ist es auch für mich immer wieder wie ein kleines Wunder, wenn sich unsere Methode als so schnell und so effektiv erweist.

Diese durchschlagenden Erfolge erleben wir auch immer wieder in der Behandlung von traumatisierten Patienten. Folgen von Traumen (Missbrauch, Vergewaltigung, Kriegserlebnisse, Unfälle, Naturkatastrophen usw.) lassen sich oft in nur ein bis zwei Stunden dauerhaft mit MET auflösen.

Aber nicht nur Phobien und Traumata und deren Folgen, sondern alle belastenden Emotionen wie z. B. Angst, Trauer, Ärger, Wut, Hass, Schuldgefühle, Kummer, Resignation, Eifersucht, Hoffnungslosigkeit usw. sowie zahlreiche körperliche Erkrankungen lassen sich mit MET auflösen. Und auch Sie können sich mithilfe der Meridian-Energie-Techniken jederzeit Gesundheit und Wohlbefinden verschaffen. Denn energetisches Heilen – und das ist fast das Schönste daran – ist auch in der Selbstbehandlung wirksam. Wie es geht, lesen Sie auf den folgenden Seiten.

Wir werden Sie in diesem Buch so konkret wie es uns aufgrund unserer langjährigen Praxis möglich ist, über das Behandlungsverfahren informieren, sodass Sie MET auch anwenden können, wenn Ihr spezielles Problem nicht zu den von uns beispielhaft erläuterten gehört. Falls unsere Erklärungen im Einzelfall noch nicht ganz ausreichend sind, empfehlen wir Ihnen gern einen von uns ausgebildeten Therapeuten oder eine Therapeutin. Und auch via Internet sind wir gern für Sie da, unter der Adresse: www.eafet.com. Sie erreichen uns auch per E-Mail: info@eafet.com.

Rainer und Regina Franke, Februar 2005

Grundlagen

Ursprünglich aus Amerika stammend etabliert sich auch bei uns allmählich ein neuer Zweig der Psychologie, die wir als Energetische Psychologie bezeichnen und der auch unsere Meridian-Energie-Techniken (MET) zuzuordnen sind. Die Unterschiede zu den herkömmlichen psychotherapeutischen Behandlungsmethoden sind grundsätzlicher Natur, sollen hier aber nur kurz umrissen werden.

Ausgangspunkt der analytisch orientierten Psychologie nach Sigmund Freud ist die Überzeugung, man könne emotionale und psychische Probleme dadurch erfolgreich therapieren, dass man versucht, ihre Ursachen aufzudecken. Indem sich der Patient in einem langwierigen, mitunter schmerzhaften Prozess der Ursprünge seines Problems bewusst wird, so die Vertreter der analytisch orientierten Psychotherapie, sei es möglich, seine emotionalen und psychischen Störungen, die in der Gegenwart existieren, zu beseitigen. Der Patient oder die Patientin wird in diesem Prozess allmählich zu dem Trauma zurückgeführt, das seinen/ihren Problemen zugrunde liegt, erlebt es noch einmal und damit auch die Gefühle, die es auslöste – häufig Trauer oder Wut. Abgesehen von dem enormen Zeitaufwand, den die verschiedenen Schulen der tiefenpsychologisch fundierten Gesprächstherapien erfordern, ist vom Standpunkt ihrer Kritiker, zu denen auch die Vertreter der Energetischen Psychologie gehören, anzumerken, dass es dabei leider nur allzu häufig zu Abhängigkeiten des Klienten vom Therapeuten kommt. Wenn alles gut geht, macht der Patient zwar die Erfahrung, dass er seine Probleme loswird, dies jedoch nicht aus eigener Kraft, sondern nur mithilfe seines Arztes oder Psychotherapeuten.

Bei den anderen psychotherapeutischen Behandlungskonzepten, die von den Krankenkassen unterstützt werden, handelt es sich um die so genannten Verhaltenstherapien. Dabei geht es nicht um die Erforschung der Ursachen einer seelischen Störung, vielmehr wird versucht, durch praktisches Training ein bestimmtes Verhalten, unter dem der Patient leidet, positiv zu beeinflussen und/oder abzubauen. Häufigste Anwendung finden diese Therapieformen bei verschiedenen Arten von Angststörungen (wie Höhenangst, Agoraphobie oder auch Angst vor bestimmten Tieren). In der Regel wird der Patient über einen längeren Zeitraum hinweg auf die Situation vorbereitet, die die Angst bei ihm auslöst, und dann mit ihr konfrontiert. Das Ziel der Behandlung besteht darin, dass der Patient oder die Patientin die Erfahrung macht, dass er überlebt, dass ihm nichts passiert, mag der Berg, den er besteigt, auch noch so hoch sein, die Spinne, die ihn in Panik versetzt, auch noch so furchteinflößend aussehen. Langfristig können solche Therapieformen durchaus zu einer Verbesserung des

Zustands eines Patienten führen. Jedoch wäre auch im Falle der Verhaltenstherapie einzuwenden, dass sie unnötigen Zeit- und damit Kostenaufwand verursacht. Darüber hinaus – und das ist fast noch bedeutender – lassen sich Symptomverschiebungen leider nicht immer verhindern. Das bedeutet, dass es nach erfolgreichem Abschluss der Therapie zu einer anders gelagerten Störung kommen kann. So ist zum Beispiel nicht auszuschließen, dass ein Patient, der bislang unter Angst im Fahrstuhl litt, nun Panikattacken bekommt, wenn er sich in einer großen, unüberschaubaren Menschenmenge befindet, oder plötzlich zwanghafte Verhaltensweisen an den Tag legt.

Roger Callahan, auf den wir gleich zu sprechen kommen werden, geht in seiner Kritik an den derzeit herrschenden Psychotherapien sogar so weit, ihnen vorzuwerfen, durch das erneute »Durchleiden und Durchleben der negativen emotionalen Erfahrung« trügen sie aktiv zum Entstehen neuer Traumata bei. »Generationen von Traumapatienten fielen der falschen Lehrmeinung zum Opfer, dass Leiden notwendig sei und ertragen werden müsse.« (Callahan, *Den Spuk beenden*, S. 15) Dieser Kritik können wir uns nur anschließen.

Psychotherapie im Umbruch

Ganz anders ist der Ansatz der Energetischen Psychologie, den wir im weiteren Verlauf erläutern werden. Die Energetische Psychologie geht davon aus, dass jeder

Mensch (wie auch andere Lebewesen, siehe das Kapitel über MET bei Tieren) nicht nur über einen physischen Körper verfügt, sondern auch einen Energiekörper besitzt. Die Meridiane stellen die Verbindung zwischen dem physischen und dem Energiekörper dar. Über die Meridiane kann dieser Energiekörper beeinflusst werden. Die Meridiane durchströmen den Körper wie die Lymphe oder die Blutbahnen.

Roger Callahan ist bereits seit den Fünfzigerjahren des vergangenen Jahrhunderts als klinischer Psychologe tätig. Zu seinen Spezialgebieten gehörte von Anfang an die Behandlung von Phobien, jenen »irrationalen« Ängsten, die das Leben eines Menschen völlig überschatten und es zu einer einzigen Qual werden lassen. Wie viele seiner Berufskollegen damals und auch heute war Callahan mit den Behandlungsmethoden, die ihm in der traditionellen Psychotherapie zur Verfügung standen, nicht zufrieden. Sie dauerten ihm zu lang, und auch ein nachhaltiger Erfolg blieb oft aus. Daher bildete er sich ständig weiter, auch auf verschiedenen angrenzenden Gebieten.

So absolvierte er Anfang der Achtzigerjahre eine Ausbildung in Angewandter Kinesiologie, einer von dem amerikanischen Chiropraktiker George Goodheart entwickelten Methode zum Aufspüren von Energieblockaden, die unter anderem auch auf den Erkenntnissen der Akupunktur beruht.

Zu dieser Zeit hatte Callahan eine Patientin namens Mary. Sie litt schon seit ihrer Kindheit unter einer sehr ausgeprägten Form von Wasserphobie. Jeglicher Kontakt mit Wasser, sei es Regen oder auch ein Dusch- oder Wannenbad, ja sogar Bilder im Fernsehen, jagte ihr die reine Panik ein. Selbst der Gedanke an Wasser ließ sie schwindeln, erregte Übelkeit und löste Magenbeschwerden aus. Anderthalb Jahre traditionelle Psychotherapie bei ihm hatten lediglich dazu geführt, dass Mary neben Dr. Callahans Pool sitzen konnte, allerdings ohne das Wasser anzuschauen. Da seine Patientin im Zusammenhang mit ihrer Wasserphobie immer über ein Unwohlsein im Magen klagte, bat er sie, einen Punkt unter dem Auge leicht mit den Fingern zu beklopfen. Aus seiner Ausbildung in Kinesiologie wusste Callahan, dass dieser Punkt dem Magenmeridian zugeordnet ist. (Als Meridian bezeichnet man, wie gesagt, die Energieleitbahnen, die den Körper durchlaufen. Was es damit auf sich hat, erfahren Sie später. Lassen Sie uns im Moment jedoch noch etwas bei Callahan bleiben.). Nachdem sie nur ein paar Mal diesen Punkt beklopft hatte, verließ Mary das Behandlungszimmer, rannte zum Pool, den Callahan in seinem Garten hatte, spritzte sich Wasser ins Gesicht und rief überglücklich: »Es ist weg, Dr. Callahan, es ist weg!«

Dies war die Geburtsstunde der Meridiantherapien. Und auch heute noch – nach über zwanzig Jahren – ist Mary beschwerdefrei.

Gedankenfeldtherapie

Nach seinem grandiosen Behandlungserfolg mit Mary forschte Roger Callahan intensiv weiter und fasste seine Ergebnisse schließlich unter dem Namen Thought Field Therapy – Callahan Techniques™ zusammen. Auf Deutsch nennen wir das Verfahren, das er entwickelte, Gedankenfeldtherapie nach Callahan: Der Patient wird aufgefordert, an das Problem zu denken, das ihn plagt. Währenddessen beklopft er bestimmte Meridianpunkte, um die zugrunde liegenden Blockaden in seinem Energiesystem zu beheben.

Wie Callahan im Laufe der Zeit herausfand, ließ sich seine Therapieform nicht nur auf Phobien anwenden, sondern auch auf eine Vielzahl anderer psychischer Störungen wie Depressionen, verallgemeinerte Angststörungen, zur Verarbeitung von Traumata, bei Trauer, Ärger, Zorn, aber auch bei Süchten, Essstörungen und Schmerzzuständen.

Anfänglich lag seine Erfolgsquote immerhin schon bei beachtlichen vierzig bis fünfzig Prozent. Doch die andere Hälfte seiner Patienten? Sie schien auf die Behandlung nicht anzusprechen. Callahan fand die Erklärung dafür in einem Phänomen, das er »psychologische Umkehr« nannte und das bereits Freud, dem Begründer der Psychoanalyse, bekannt war. Es wird auch Widerstand, Selbstzerstörungstrieb, innerer Saboteur – und im Volksmund: innerer Schweinehund – genannt. Ist ein Mensch im Zustand der psychologischen Umkehrung, macht er genau das Gegenteil von dem, was für ihn gut wäre. In diesem Zustand sabotiert man die eigenen positiven Anstrengungen und ist diesem Mechanismus hilflos ausgeliefert. Psychologische Umkehr ist ein Zustand des Systems, welches Heilung im weitesten Sinne nicht zulässt. Im ersten Buch, *Klopfen Sie sich frei!*, wählten wir für dieses Phänomen die Bezeichnung »Energetische Fehlschaltung«. Sie wurde dort ausführlich beschrieben.

Als Roger Callahan schließlich einen Weg fand, die psychologische Umkehr zu korrigieren, stieg seine Erfolgsquote auf achtzig bis fünfundneunzig Prozent dramatisch an. Eine Sensation im Vergleich zu den Ergebnissen anderer Therapieformen.

Wie kann das angehen?

Wie eine Behandlung nach Callahan abläuft, haben wir schon kurz umrissen. Aber worauf beruht eigentlich die Wirkung? Nach Callahan ist eine Angstreaktion, um ein Beispiel zu nennen, nicht das Ergebnis eines Traumas, sondern lässt sich – anders als in der herkömmlichen Psychologie – auf eine Störung im Gedankenfeld zurückführen. Jede Störung im Gedankenfeld ist an einen oder auch mehrere Energiemeridiane gekoppelt. Eine Person denkt etwa an eine traumatische Situation, ihr wird übel und sie bekommt Schweißausbrüche. Da sich das zugrunde liegende traumatische Erlebnis nicht ungeschehen machen lässt, muss es nun, so Callahan, darum gehen, das Gedankenfeld zu »reparieren«, um die negative Reaktion auf das Trauma auflösen zu können.

Nach Callahans Theorie werden mit seiner Thought Field Therapy (TFT) jedoch nicht nur die Gedankenfelder repariert, sondern auch die dazugehörigen Blockaden in den Meridianen aufgelöst. Nach der Behandlung kann der Patient an sein Trauma denken, ohne die ehedem problematischen Reaktionen zu zeigen. Wohl bemerkt: Der Patient *vergisst* sein traumatisches Erlebnis nicht. Oft erinnert er sich sogar besser als zuvor auch an die Einzelheiten des Geschehens. Um in einer TFT-Behandlung das Gedankenfeld zu reparieren beziehungsweise die Blockade in den Meridianen aufzulösen, muss der Patient während der Behandlung ein entsprechendes Gedankenfeld aufbauen, d. h. er wird aufgefordert, ununterbrochen an sein Problem zu denken.

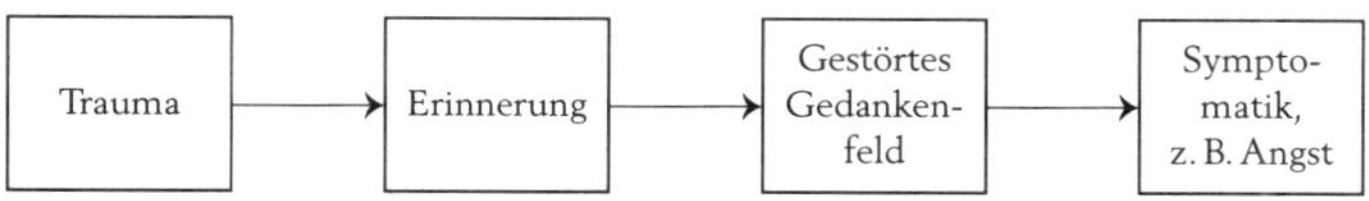

Grafik 1: Grafische Darstellung des Erklärungsmodells von Dr. Callahan für das Entstehen negativer Emotionen

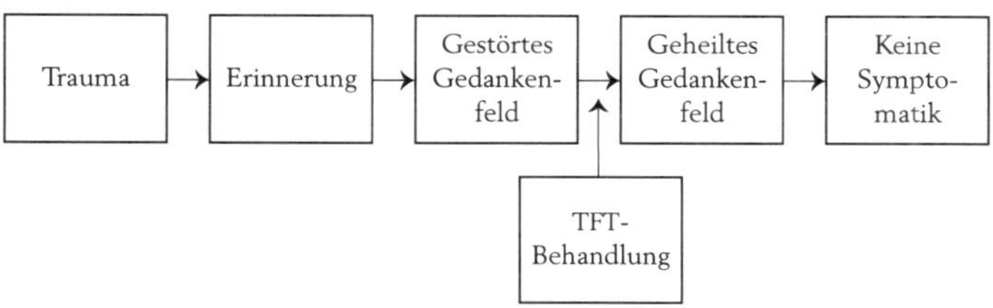

Grafik 2: Darstellung des Erklärungsmodells von Dr. Callahan für die Wirkungsweise von TFT

Energie – das A und O

Schon vor über fünftausend Jahren machten die Chinesen die Entdeckung, dass den Körper Bahnen durchziehen, in denen ständig eine geringe elektrische Energie fließt. Diese Energiekanäle, die auch Meridiane genannt werden und zusammen mit den Organen und der Körperoberfläche eine Einheit bilden, sind seither das Herzstück der asiatischen Gesundheitspraktiken und bilden die Basis für Akupunktur, Akupressur und andere Heilmethoden.

Die Traditionelle Chinesische Medizin (TCM) sieht das Individuum, vereinfacht ausgedrückt, als eine Verdichtung von Energie. Aber auch in anderen Kulturen ist dieses energetische Potenzial bekannt. Während die Chinesen dieses Spannungsfeld energetischer Einflüsse, dem jeder Mensch unterliegt und das den Körper wie Flüsse und Seen durchströmt, als Qi bezeichnen, sprechen die Inder von Prana, die Bibel vom Lebensodem, den Gott dem Menschen einflößte, und der Begründer der klassischen Homöopathie, Samuel Hahnemann, fand dafür den schönen deutschen Namen Lebensenergie.

In den Siebzigerjahren des letzten Jahrhunderts gelang es dem japanischen Wissenschaftler Dr. Hiroshi Motojamas übrigens, die Existenz der Akupunkturpunkte physikalisch zu beweisen. Insbesondere berichtete er von Wechselwirkungen zwischen der Energie an den Fingerspitzen und einem elektrischen Feld, das sie umgibt.

Kann die Lebensenergie ausgewogen fließen, ist der Mensch ganz im Einklang mit sich selbst und der Welt, er fühlt sich wohl und ist gesund. Jede Störung des Gleichgewichts führt dagegen zu Unregelmäßigkeiten und auf lange Sicht zu Unbehagen und schließlich psychischer oder somatischer Erkrankung.

Seltsame Felder

Für das Verständnis unserer Theorie über die Wirkungsweise von MET und anderen Meridiantherapien ist ein Blick auf Rupert Sheldrakes Begriff der »morphischen Felder« unerlässlich.

Aus der Quantenphysik wissen wir, dass alles Energie ist, nicht nur im menschlichen Körper, sondern auch alles Sonstige im All. Selbst dieses Buch in seiner körperlichen Form besteht aus Energie, allerdings ist sie so langsam, dass Ihnen das Buch wie eine leb- und bewegungslose Masse vorkommt.

Energie manifestiert sich in so genannten Feldern – wir kennen zum Beispiel elektrische Felder sowie Magnet- und Gravitationsfelder. Und die Menschheit hat ziemlich lange gebraucht, ihnen auf die Schliche zu kommen, sie messen, berechnen und analysieren zu können. Heute zweifelt natürlich keiner mehr an ihrer Existenz und sie bilden eine ganz wesentliche Grundlage der klassischen Physik.

Doch es gibt aller Wahrscheinlichkeit nach auch noch Felder, die sich der naturwissenschaftlichen Methode entziehen, die bekanntlich auf wiederholbaren experimentellen Beweisen beruht.

Eine ganz spezielle, gleichwohl universale – also den gesamten Kosmos betreffende – Feldtheorie haben wir dem englischen Biologen und Buchautor Rupert Sheldrake zu verdanken. Was ihn ursprünglich besonders interessierte, waren Fragen der so genannten Morphogenese: Wenn alle Zellen einer Sonnenblume aus demselben Material bestehen, wie es der Fall ist, woher »wissen« dann die einen, dass sie sich zu einer wunderschönen gelben Blüte zusammenfinden sollen, die anderen aber den dicken Stamm bilden oder die Wurzeln? Sheldrake vergleicht diese Frage auch mit der Architektur. (Das folgende sowie die anderen Sheldrake-Zitate haben wir der deutschen Homepage www.sheldrake.org/deutsche/morfeld.html entnommen. Bei diesem Text handelt es sich um das Vorwort zu seinem Buch *Der siebte Sinn der Tiere*, das auf Deutsch ursprünglich im Berner Scherz Verlag erschien.) »In einer Straße in der Stadt stehen unterschiedlich gebaute Häuser, aber was sie unterscheidet, sind nicht die Baumaterialien. Sie könnten alle aus chemisch identischen Ziegeln, Betonteilen, Hölzern und so weiter hergestellt sein. Würde man sie abreißen und chemisch analysieren, wären sie nicht zu unterscheiden. Was sie unterscheidet, sind die Pläne der Architekten, nach denen sie erbaut wurden. Diese Pläne tauchen in keiner chemischen Analyse auf.«

Wie Sheldrake herausfand, reichen weder im Fall der Pflanze die Genetik noch bei den Häusern die Chemie aus, um das Ganze, die spezifische Form, zu erklären. In diesem Zusammenhang führte er den Begriff der »morphogenetischen (= Form gebenden) Felder« ein, den er mit drei Hauptmerkmalen definiert: 1. »Morphogenetische Felder sind eine neue Art von Feldern, die bislang von der Physik nicht anerkannt wird.« 2. »Sie nehmen Gestalt an, entwickeln sich wie Organismen. Sie haben eine Geschichte und enthalten ein immanentes Gedächtnis aufgrund des Prozesses«, den er »morphische Resonanz« nennt. 3. »Morphogenetische Felder sind Teil einer größeren Familie von Feldern, den so genannten morphischen Feldern.«

Mithilfe dieses Konzepts liefert Sheldrake nun einen Erklärungsansatz zum Beispiel für das Verhalten gewisser Vogel- und Fischschwärme, die wie auf ein Geheimkommando hin alle zusammen die Richtung wechseln, ohne dass es zu Kollisionen kommt. Da aber tatsächlich kein Mitglied der Population irgendein Signal zum Richtungswechsel abgibt, handelt es sich vermutlich um instinktives Verhalten, das nicht allein genetisch bedingt ist, sondern auf der Resonanz, dem Mitschwingen in einem bestimmten morphogenetischen Feld, beruht: eine Art kollektives Gedächtnis der Art.

Sheldrake weitet sein Theorem aber auch auf den Menschen aus und erläutert: »In der Psychologie lassen sich die Geistestätigkeiten als Felder interpretieren, die mit den physiko-chemikalischen Aktivitätsmustern im

Gehirn interagieren. Aber diese Felder sind nicht auf das Gehirn beschränkt, sondern erstrecken sich über den Körper hinaus in die Umwelt hinein. Diese erweiterten mentalen Felder liegen der Wahrnehmung und dem Verhalten zugrunde.«

Auch die Energie der Gefühle und Gedanken wäre nach Sheldrake also mit der Hypothese der unsichtbaren Einflusssphären zu begreifen, die er morphogenetische Felder nennt – während Roger Callahan, das war ja unsere Ausgangsfrage, von Gedankenfeldern spricht.

Derartige über ihn selbst hinausweisende Felder werden also aktiviert, wenn der Mensch denkt oder etwas fühlt. Und das hat Konsequenzen: Wenn Sie an Ihre Angst vor Hunden denken, reagiert Ihr Körper in der ganzen Bandbreite der Reaktionen, die er auch an den Tag legte, als Sie seinerzeit von dem Hund gebissen wurden, was ein Trauma bei Ihnen auslöste, von dem Sie sich, so erleben Sie es jedenfalls, bis auf den heutigen Tag noch nicht erholt haben. Ihr Körper gerät in höchste Alarmbereitschaft: nervlich, hormonell, chemisch und gedanklich.

Aber wieso entwickelt der eine Mensch später eine panische Angst vor Hunden, nachdem er in seiner Jugend von irgendeinem Bello gebissen wurde und sich unter Umständen nicht einmal an dieses Ursprungstrauma erinnert, der andere aber nicht?

Nach Sheldrake existiert im gesamten Kosmos ein Netzwerk von morphischen Feldern, mit denen wir in

Resonanz sind. Wie ein »Radioempfänger« suchen wir uns immer genau die Schwingungen heraus, für die wir uns – unbewusst – entscheiden.

Im Gegensatz zur landläufigen Meinung behauptet Sheldrake, dass das Phänomen des Gedächtnisses noch völlig ungeklärt sei. Seiner Auffassung nach gebe es keine Beweise dafür, dass Erinnerungen im Gehirn gespeichert würden. Seiner Theorie nach stelle das Gehirn vielmehr einen gigantischen Sender/Empfänger für Erinnerungen dar, die im kollektiven Gedächtnis gespeichert sind.

Wie MET wirkt – ein neuer Erklärungsansatz

Im Gegensatz zu Callahan sind wir nicht der Ansicht, dass es sich beim Vorliegen von emotionalen Störungen um gestörte Gedankenfelder handelt. Wir vertreten vielmehr die Auffassung, dass der Patient, der unter den Folgen eines bestimmten Traumas leidet, sich mit dem morphischen Feld seines Traumas verbindet. Wir gehen von der Annahme aus, dass sich Menschen, die eine bestimmte emotionale Symptomatik zeigen, mit dem morphischen Feld ihres Leidens verbinden. Durch das Beklopfen der Meridiane wird keine Energieblockade aufgelöst. Vielmehr ist es unserer Auffassung nach so, dass der Patient durch das Beklopfen der Meridianpunkte sich mit einem höherwertigen morphischen Feld verbindet (s. Grafik 3). Dies deshalb, weil die

Meridiane nach unserer Beobachtung die Bahnen des Bewusstseins zu sein scheinen. So stellen wir immer wieder fest, dass Menschen nach dem Beklopfen sich ihrer Probleme und Themen bewusster wurden, sie genauer benennen konnten und das auch so sagen. Es scheint so zu sein, dass sich auf der energetischen Ebene das Bewusstsein über die Meridiane in jede Zelle fortsetzt. Das Erste, was Bewusstsein im menschlichen Körper empfängt, sind die Höhlen des Kopfes. Deshalb fangen wir mit dem Beklopfen auch am Kopf an. Die Höhlen des Kopfes waren das Erste, was von der Idee des Menschen da war. Das Erste war Nichtmaterie, nämlich Höhlen, das Nichts. Und dann erst ist die menschliche Struktur geschaffen worden. Und was durch das Klopfen geschieht, ist, dass der Mensch für einen Moment direkt mit dem höchsten Bewusstsein (Gott) verbunden wird. Von dieser Ebene aus kann dann die Transformation in den Zellen, in der Psyche geschehen.

Im Laufe Hunderter von MET-Behandlungen ist uns aufgefallen, dass sich Patienten nach dem Beklopfen schwerer Traumata und anderer dramatischer Emotionen plötzlich auf einem völlig anderen energetischen Niveau – einem neuen morphischen Feld – befinden. In diesem Zustand erleben sie weder Ärger noch Trauer noch Depression oder Angst, sondern lediglich Freude. Dabei handelt es sich offenbar um ein energetisch sehr hochwertiges morphisches Feld.

Durch das Beklopfen energetisch niedriger Bewusstseinszustände wie Scham, Angst, Schuldgefühle, Panik, Trauma, Trauer, Hass, Wut, Neid und Missgunst geraten alle Menschen früher oder später in diese höheren Ebenen von Bewusstsein. Mit Formulierungen wie »Ich fühle mich friedlich«, »Ich fühle mich völlig entspannt«, »Ich empfinde Ruhe und Frieden.«, »Ich bin ganz gelassen« beschreiben sie diesen Zustand, der auch gern als »im Hier und Jetzt sein« bezeichnet wird. Mit einem Mal können viele Patienten dann plötzlich ihre innersten Impulse und Bedürfnisse nicht nur wahrnehmen, sondern ihnen auch folgen.

In Anlehnung an Sheldrake gehen wir von der Vermutung aus, dass das traumatische Erlebnis nicht im Gehirn abgespeichert ist, sondern dass ein morphisches Feld »Trauma« existiert, mit dem sich der Patient immer wieder verbindet. Durch das Beklopfen der Meridiane scheint er dieses morphische Feld dauerhaft zu verlassen und in ein energetisch höherwertiges hinüberzuwechseln.

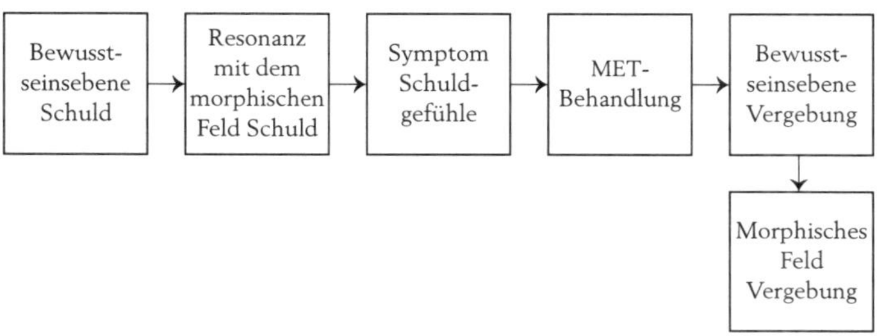

Grafik 3: Darstellung der Wirkungsweise von MET

Mit anderen Worten: Da wir nur mit etwas in Resonanz treten können, das uns sehr ähnlich ist, tritt der Mensch mit demjenigen morphischen Feld in Resonanz, das seiner Bewusstseinsstufe (Wut, Ärger, Hass, Angst bzw. Liebe, Vertrauen, Vergebung, Frieden etc.) entspricht. Man kann das Gehirn sozusagen als eine Art Empfängeranlage für Energiemuster betrachten, die im Geist selbst beheimatet sind und als Bewusstsein existieren, das in Form von Gedanken oder Gefühlen ausgedrückt wird.

Die Hierarchie der Bewusstseinsebenen

Diese Auffassung vertritt auch der Arzt und Psychiater Dr. David Hawkins. Seine zwanzigjährige Forschungstätigkeit zu diesem Thema hat er in seinem Buch *Die Ebenen des Bewusstseins* zusammengefasst. Zur Erforschung der verschiedenen Bewusstseinsebenen setzte Hawkins den kinesiologischen Muskeltest ein.

Der kinesiologische Muskeltest

Dieser Test geht davon aus, dass ein positiver Reiz den Muskel stärkt, ein negativer diesen jedoch schwächt. Negative Reize auf unseren Körper können unter anderem Handys, Süßstoff, Quarzuhren, Tabak, bestimmte Medikamente, bestimmte Musik, Nahrungsmittel aus der Mikrowelle sein. Auch negative Gedanken oder negative Emotionen können unser System schwächen. Dasselbe gilt umgekehrt für positive Gedanken oder Emotionen und Dinge, die unserem Körper gut tun (klassische Musik, natürliche Nahrungsmittel etc.). Wenn also etwas positiv für mich ist, wird der Körper gestärkt und entsprechend fällt der Test aus. Ist etwas nicht stimmig für mich, so wirkt sich das ebenfalls auf den Körper aus und dieser wird bei dem Test entsprechend reagieren. Diese Erkenntnisse fußen auf den Forschungsergebnissen von Dr. G. Goodheart (Kinesiologie), Dr. John Diamond, Felix Mann und anderen.

Für den kinesiologischen Muskeltest benötigt man zwei Personen. Eine Person ist die Testperson, die andere der Tester. Der Tester stellt sich hinter die Testperson, welche den rechten Arm mit durchgedrücktem Ellbogen zur Seite ausstreckt. Der linke Arm hängt entspannt am Körper herab. Der Tester legt seine linke Hand auf die linke Schulter der Testperson und sagt dieser, dass er gleich ihren rechten Arm herunterdrücken werde. Die Testperson solle dem Druck standhalten. Der Tester drückt jetzt den Arm der Testperson oberhalb des Handgelenks kräftig nach unten, während diese versucht, dem Druck standzuhalten. Im Normalfall testet der Arm stark, d. h. er ist nicht herunterzudrücken. Bei einer unangenehmen Erinnerung testet der Arm schwach, bei einer angenehmen stark.

Die Bewusstseinszustände, denen wir in der Praxis immer wieder begegnen, lassen sich in Anlehnung an D. Hawkins wie folgt klassifizieren:

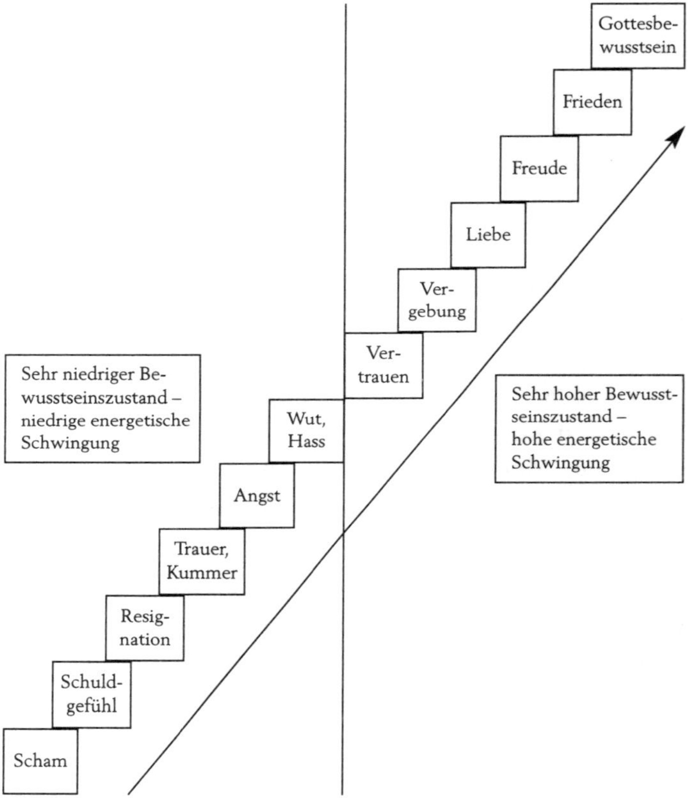

Scham bis Trauer/Kummer = sehr niedriges Energieniveau
Angst bis Wut = niedriges Energieniveau
Vertrauen = hohes Energieniveau
Liebe bis Frieden/Gottesbewusstsein = sehr hohes Energieniveau

In einem Zustand von Scham, Schuldbewusstsein, Hoffnungslosigkeit, Kummer, Angst, Wut, Verachtung befindet sich der Mensch auf einem sehr niedrigen Energieniveau beziehungsweise Bewusstseinszustand und testet kinesiologisch schwach. Dagegen entsprechen Vertrauen, Optimismus, Vergebung, Verständnis, Liebe, Freude und Frieden einer sehr hohen Bewusstseinsebene, was sich in einem starken kinesiologischen Testergebnis niederschlägt.

Unsere Meridian-Energie-Techniken tragen nun ganz erheblich dazu bei, den Menschen dauerhaft auf einen höheren Bewusstseinszustand zu bringen, von wo aus er sich mit einem energetisch höherwertigen morphischen Feld verbinden kann. »Je höher der jeweilige Zustand angesiedelt ist, desto größer ist seine Kraft, das ganze Leben des Menschen umzuorientieren. Nur ein einziger Augenblick in einem sehr hohen Zustand kann die Lebensorientierung eines Menschen, seine Ziele und Werte vollständig verändern.« (D. Hawkins, *Die Ebenen des Bewußstseins*, S. 98)

Diese Erfahrung machen wir regelmäßig schon nach einer oder wenigen MET-Behandlungen. Unsere Klienten und Seminarteilnehmer fangen an, ihr Leben willkommen zu heißen, es verantwortlich anzupacken und kreativ zu gestalten. Bei konsequenter Anwendung von MET gelangt das Individuum mehr und mehr auf höhere Bewusstseinszustände wie Vertrauen, Liebe, Dankbarkeit, Frieden, Vergebung. Oder, wie Hawkins es ausdrückt: »Deshalb bedeutet es für einen Menschen, der in Angst lebt, ein High, die Ebene des Mutes zu erreichen, für Menschen, die in hoffnungsloser Apathie leben, ist Wut ein High … Das Erhabenste aller Erlebnisse ist der Zustand des unendlichen Friedens; er ist so außergewöhnlich und überwältigend, dass er alle Versuche, ihn zu beschreiben, Lügen straft.« (a. a. O., S. 98)

Dies beschreibt genau das Ziel unserer Arbeit: Menschen in höhere Bewusstseinsebenen zu bringen und ihnen zu tiefem inneren Frieden zu verhelfen. Dies geschieht insbesondere durch einen Prozess, den wir »Innere Wunden Heilen« nennen und mit dem wir Sie in einem späteren Kapitel vertraut machen werden.

Das nächste Kapitel enthält zunächst einmal alles, was Sie grundsätzlich wissen müssen, um MET anwenden und Ihre Gesundheit selbst in die Hand nehmen zu können.

MET – die Methode

Nun haben Sie sich bereits viel theoretisches Wissen über die Grundlagen der Meridian-Energie-Techniken angeeignet und fragen sich jetzt sicher, wie eine MET-Behandlung in der Praxis abläuft.

Die Behandlung im Überblick

Erster Schritt: Herausarbeiten und Formulieren des Problems
Zweiter Schritt: Atemgleichgewichtsübung
Dritter Schritt: Aktivierung der Thymusdrüse
Vierter Schritt: Heilender Punkt – Heilende Sätze
Fünfter Schritt: Beklopfen der 14 Behandlungspunkte
Sechster Schritt: Handrückenserie
Siebter Schritt: Überprüfung und eventuell Neubestimmung des Problems.

Erster Schritt: Herausarbeiten und Formulieren des Problems

Eine MET-Behandlung beginnt damit, dass Sie Ihr Problem, Ihr Thema, das Gefühl benennen, welches Sie beklopfen wollen. Also zum Beispiel »meine Angst vor Hunden«. Es kann dabei von Vorteil sein, genau nachzuspüren, welche Qualität Ihr Problem hat, in unserem Fall etwa: »meine panische Angst vor Hunden«. Nun schätzen Sie auf einer Belastungsskala von 0 bis 10 ein, wie belastend Ihre Angst im Moment gerade ist. Null bedeutet, Sie sind angstfrei, während 10 der höchste Wert ist, den Sie sich in Bezug auf Ihr Problem (Ihre Angst vor Hunden) vorstellen können.

Zweiter Schritt: Atemgleichgewichtsübung

Unser Körper besitzt an allen Stellen eine Plus-Minus-Polarität. Diese ist bei vielen Menschen »vertauscht«, was zur Folge hat, dass eine MET-Behandlung bei ihnen nicht wirkt. Die folgende Atemgleichgewichtsübung, die etwa zwei Minuten in Anspruch nimmt, bringt die Polung wieder ins Gleichgewicht und führt darüber hinaus zur Synchronisation der rechten und linken Gehirnhälfte. Sie sollte daher nicht ausgelassen werden.

- Setzen Sie sich bequem auf einen Stuhl.
- Strecken Sie die Beine aus und kreuzen Sie das linke Bein über das rechte Bein.
- Strecken Sie die Arme aus und kreuzen Sie den rechten Arm über den linken Arm.
- Drehen Sie den Handflächen zueinander, verschränken Sie die Finger und ziehen Sie die Arme derart gefaltet zum Brustbein.
- Atmen Sie ganz normal durch die Nase ein und durch den Mund aus.

- Drücken Sie jetzt beim Einatmen durch die Nase die Zunge leicht gegen den oberen Gaumen, als würden Sie ein L bilden.
- Beim Ausatmen durch den Mund lassen Sie die Zunge wieder locker auf den Mundboden fallen und sprechen innerlich das Wort »Gleichgewicht« oder »Balance«.

Dritter Schritt: Aktivierung der Thymusdrüse

Die Thymusdrüse liegt hinter dem Brustbein über dem Herzbeutel. Bei der Geburt und im Kindesalter ist der Thymus voll ausgebildet. Im Laufe des Lebens bildet er sich zurück, bis er am Ende des Lebens nur noch winzig klein ist. Deshalb hat man der Thymusdrüse in der herkömmlichen Medizin bisher keine besondere Bedeutung beigemessen.

Aber schon die alten Griechen wussten, dass die Thymusdrüse das Zentrum der Lebensenergie darstellt. Daher auch der Name Thymos = Lebensenergie. Die Lebensenergie ist die feinstoffliche Energie, die unsere Muskeln und Organe durchfließt und alle lebenden Zellen und Organe durchdringt. In der Thymusdrüse werden die T-Lymphozyten geprägt, die eine wichtige Aufgabe bei der Immunabwehr haben. Außerdem ist der Thymus für die Hormonproduktion vom Thymosin und Thymusfaktor bzw. Thymopoetin verantwortlich. Diese Hormone steuern die Reifung der Immunzellen in den Lymphknoten.

Die Thymusdrüse überwacht zudem den gesamten Energiestrom des Körpers und korrigiert Störungen. Sie gilt als Bindeglied zwischen Körper und Geist (Grobstofflichem und Feinstofflichem) und wird durch die seelische Haltung eines Menschen genauso beeinflusst wie durch Belastungen, die aus Krankheiten oder Gemütsbewegungen herrühren.

Durch einfache mechanische Beeinflussung kann die Funktionskraft der Thymusdrüse im Rahmen der MET-Behandlung angehoben werden.

Dafür wird der Thymus-Punkt (TH) direkt auf dem Brustbein etwa sieben Zentimeter unterhalb der Halsgrube beklopft. Es empfiehlt sich, dies mit allen vier Fingern oder einer lockeren Faust auszuführen, und zwar so, dass es sich angenehm anfühlt. Währenddessen wird mit Betonung und voller innerer Überzeugung folgender Satz fünf- bis siebenmal wiederholt:

- »Ich liebe und glaube, vertraue, bin dankbar und mutig.«

Die Thymusdrüse kann auch ohne Worte beklopft/aktiviert werden. Dies geschieht idealerweise im Walzertakt (J. Diamond). Die Aktivierung der Thymusdrüse gibt Stärke, unterstützt den Lebenswillen und harmonisiert die Gefühlswelt.

Wir schlagen vor, wahlweise auch folgende äußerst kraftvolle Affirmation in die Thymusdrüse zu klopfen, da sie die Erhöhung der Bewusstseinsebenen unterstützt:

- »Vertrauen, Vergebung, Liebe, Freude und Frieden.«

Vierter Schritt: Heilender Punkt – Heilende Sätze

Der Heilende Punkt ist ein neurolymphatischer Reflexpunkt etwa zehn Zentimeter unterhalb des linken Schlüsselbeins über dem Herzen zwischen der zweiten und der dritten Rippe. Wenn Sie diesen Punkt ertasten, werden Sie meistens feststellen, dass er wehtut wie ein blauer Fleck. An diesem neurolymphatischen Reflexpunkt lagern sich Toxine (Giftstoffe) ab, die durch das Massieren über das lymphatische System über den Arm ausgeleitet werden. Daher kommt es, dass dieser Punkt beim Massieren und auch noch nach der Behandlung leicht schmerzen kann. Das gibt sich aber nach einigen MET-Behandlungen.

Der beschriebene Punkt wird nun mit drei oder vier eng beieinander liegenden Fingern der rechten Hand im Uhrzeigersinn mit kreisenden Bewegungen massiert, während die beiden folgenden Vorbereitungssätze jeweils dreimal nacheinander laut ausgesprochen werden:

- »Obwohl ich diese Angst vor (z. B. Hunden) habe, liebe und akzeptiere ich mich so, wie ich bin.«
- »Obwohl ich es nicht verdient habe, diese Angst zu verlieren, liebe und akzeptiere ich mich so, wie ich bin.«

Bedeutung der Heilenden Sätze

Im ersten Teil des Obwohl-Satzes, des Heilenden Satzes, benennen Sie Ihre aktuelle Bewusstseinsebene, im zweiten die neue, energetisch höhere. Im ersten Teil des Heilenden Satzes bezeichnen Sie also die Ebene, auf der Sie sich gerade befinden, Sie erkennen sie an und akzeptieren sie. Zugleich benennen Sie im zweiten Teil eine sehr hohe Bewusstseinsebene: sich so zu lieben und zu akzeptieren, wie man ist.

An unserem obigen Beispiel erklärt verbinden Sie sich im ersten Teil mit Ihrer Bewusstseinsebene »Angst vor Hunden«. Dann sagen Sie, dass Sie sich so lieben und akzeptieren, wie Sie sind. Damit ist der Weg praktisch frei, um sich mit der energetisch höheren Ebene der Liebe und Akzeptanz zu verbinden. Durch das Aussprechen von »… liebe und akzeptiere ich mich so, wie ich bin« gelangen Sie auf die Bewusstseinsebenen von Liebe und Akzeptanz und können sich dadurch mit dem morphischen Feld »Liebe und Akzeptanz« verbinden.

Wieso sollte ich es nicht verdient haben, mein Problem loszuwerden?

An dieser Stelle möchten wir den zweiten Heilenden Satz genauer erläutern: »Obwohl ich es nicht verdient habe, dieses Leiden XY zu verlieren, liebe und akzeptiere ich mich so, wie ich bin.«

Wohl jeder würde im Brustton der Überzeugung behaupten, aber selbstverständlich habe er es verdient, sein Leiden loszuwerden. Bei unseren Behandlungen hat sich jedoch immer wieder herausgestellt, dass bei sehr vielen Menschen ein unbewusstes Programm läuft, das genau das Gegenteil besagt: »Du hast es *nicht* verdient, gesund zu werden, weil du in deinem Leben so viel Böses und Schlechtes getan hast. (Ich war als Kind immer so unartig; ich habe abgetrieben; ich habe meinen Mann verlassen; ich habe einem Menschen wehgetan; ich habe meine Eltern ins Altersheim abgeschoben.) Solange dieses Programm nicht »gelöscht« ist, ist echte Heilung im Sinne des Erreichens eines höheren energetischen Niveaus nicht möglich. Solange es noch wirksam ist, wird sich die betreffende Person weiterhin auf dem energetisch niedrigen Niveau aufhalten, und ihr Leben wird nicht so »funktionieren«, wie sie es sich wünscht.

In dem Moment, in dem das Problem (im ersten Teil des Heilenden Satzes) anerkannt und ausgesprochen wird, ohne Rücksicht darauf, ob das Programm tatsächlich vorhanden ist oder nicht, wird die Bewusstseinsebene, auf der sich die Person in Bezug auf ihr Problem befindet, angesprochen. Im zweiten Teil wird dann wieder die Bewusstseinsebene von Liebe und Akzeptanz aktiv.

Schon in der Formulierung des Heilenden Satzes wird deutlich, worum es geht: um den Wechsel von einem alten (energetisch niedrigeren) Zustand in einen neuen (energetisch höheren) Zustand: »Obwohl ich diese Angst (energetisch niedrige Bewusstseinsebene) habe, liebe und akzeptiere ich mich so, wie ich bin (energetisch höhere Bewusstseinsebene).« Oder: »Obwohl ich diese Wut habe, liebe und akzeptiere ich mich so, wie ich bin und wähle, voller Liebe, Freude und Vergebung zu sein.«

Fünfter Schritt: Beklopfen der 14 Behandlungspunkte

Jetzt werden mit Zeige- und/oder Mittelfinger bestimmte Akupunkturpunkte sieben- bis zehnmal leicht beklopft. Das Klopfen sollte angenehm sein und nicht wehtun. Die Klopfsequenz beträgt etwa zwei bis drei Schläge pro Sekunde. Aus dem Heilenden Satz ergibt sich der Behandlungssatz, den Sie einmal pro Klopfpunkt laut aussprechen. Wählen Sie den Behandlungssatz so, dass er Ihr Thema so präzise wie möglich beschreibt.

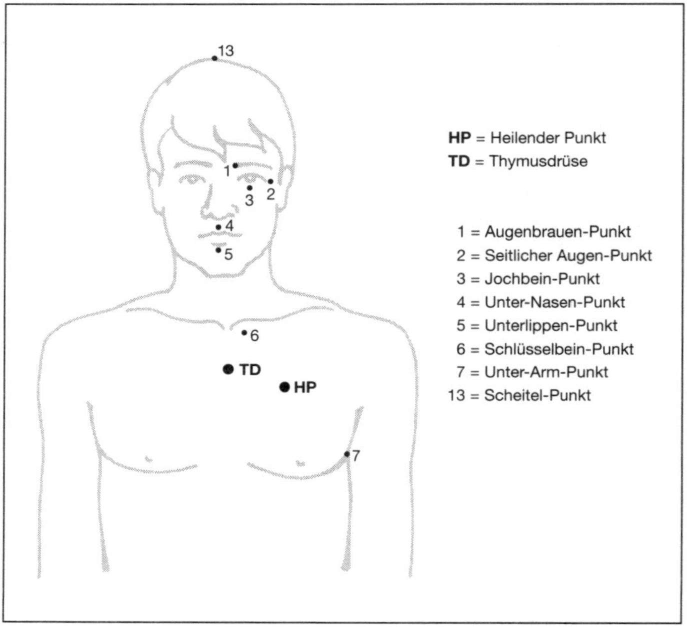

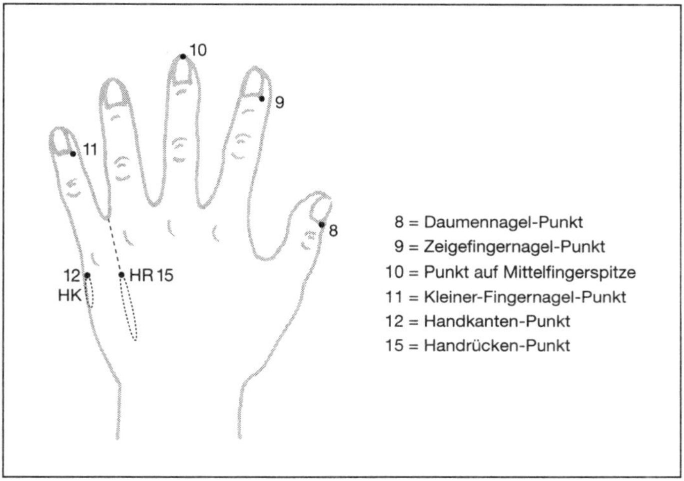

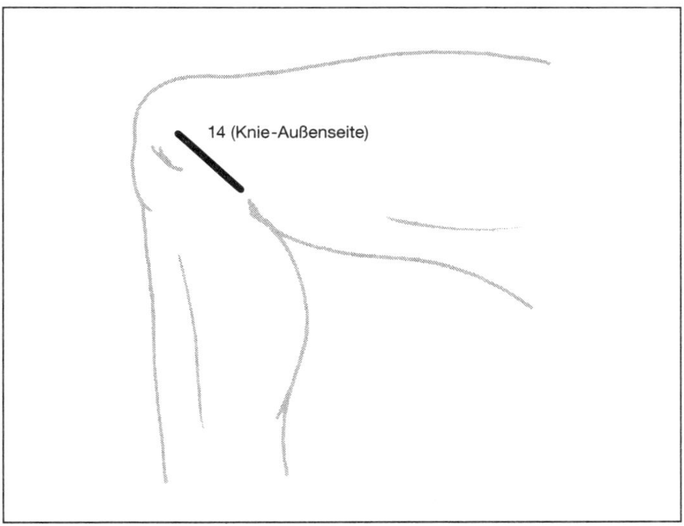

Die Klopfpunkte

Beispiele

- »Meine Angst vor Hunden.«
- »Meine Kopfschmerzen.«
- »Meine Angst vorm Fliegen.«
- »Meine Trauer, dass … gestorben ist.«

Hier die Reihenfolge, in der Sie die Behandlungspunkte klopfen:

1. Innere Augenbraue/Nasenwurzel (Blasenmeridian)
2. Äußerer Augenwinkel (Gallenblasenmeridian)
3. Unter dem Auge (Magenmeridian)
4. Oberlippe (Lenkergefäß)
5. Kinn (Konzeptionsgefäß)
6. Zwei Zentimeter unter dem Schlüsselbeingelenk (Nierenmeridian)
7. Unter dem Arm (Milz-Pankreas-Meridian)
8. Daumen (Lungenmeridian)
9. Zeigefinger (Dickdarmmeridian)
10. Kuppe des Mittelfingers (Kreislauf-Sexus-Meridian)
11. Kleiner Finger (Herzmeridian)
12. Handkantenpunkt (Dünndarmmeridian)
13. Höchster Punkt des Kopfes auf dem Scheitel (Lenkergefäß)
14. Klopfen der beiden seitlichen Außenkniepunkte mit allen vier Fingern beider Hände; in der Fremdbehandlung macht dies der Patient selbst (Verlauf mehrerer Meridiane)

Sechster Schritt: Handrückenserie

In unserem ersten Buch, *Klopfen Sie sich frei!*, wurde im Zusammenhang mit der Handrückenserie von Verankerung gesprochen. Um Missverständnissen vorzubeugen und Verwechslungen mit anderen therapeutischen Methoden (z. B. NLP) zu vermeiden, werden wir diesen Behandlungsteil nur noch »Handrückenserie« nennen. Der zu klopfende Punkt liegt auf dem Handrücken zwischen kleinem und Ringfinger zwischen den Sehnen. Meridian: Dreifacher Erwärmer (Organzuordnung: Schilddrüse).

Die Handrückenserie kann zur Verstärkung der Behandlung eingesetzt werden, da es durch das Beklopfen dieses Meridianpunktes im Zusammenhang mit den beschriebenen Schritten zu einer oft beeindruckenden Reduzierung des Skalenwertes, also der emotionalen Belastung, kommen kann. Hat die erste Klopfrunde schon eine Reduzierung des Skalenwertes auf null bewirkt, braucht die Handrückenserie nach unserer Erfahrung nicht mehr durchgeführt werden. Sie beklopfen den Handrückenpunkt in einem Rhythmus von drei bis vier Schlägen pro Sekunde. Währenddessen tun Sie Folgendes:

- Augen schließen
- Augen öffnen, Kopf geradeaus
- Ohne Kopfbewegung scharf nach unten rechts schauen
- Ohne Kopfbewegung scharf nach unten links schauen

- Die Augen zweimal langsam in eine Richtung kreisen lassen
- Die Augen dann zweimal in entgegengesetzter Richtung kreisen lassen
- Danach wieder geradeaus schauen.
- Irgendein Lied ansummen
- Laut von 7 zurück nach 1 zählen
- Noch einmal ein Lied ansummen

Während jeder dieser Aktivitäten klopfen Sie den Handrückenpunkt etwa sieben- bis zehnmal.

Siebter Schritt – Überprüfung und eventuell Neubestimmung des Problems

Nach dem Beklopfen der Punkte und der Handrückenserie schätzen Sie Ihr Problem erneut auf der Belastungsskala ein. Ist das Eingangsthema (Gefühl) in der Belastungsskala noch nicht auf null, verfährt man folgendermaßen:

- Erneutes Massieren des Heilenden Punktes und Sprechen des Heilenden Satzes:
  - Dreimaliges Sprechen des Satzes: »Obwohl ich *noch ein bisschen* von diesem X (z. B. Angst) habe, liebe und akzeptiere ich mich so, wie ich bin.«
  - Gleichzeitig massieren Sie den Heilenden Punkt von innen nach außen kreisend mit drei oder vier Fingern wie oben beschreiben (im Uhrzeigersinn). Beim

zweiten Durchgang fällt der Satz »Obwohl ich es nicht verdient habe …« weg.

- Dann beklopfen Sie alle 14 Punkte noch einmal und sprechen bei jedem Punkt einmal den Satz: »meine *restliche* Angst vor Hunden« laut aus.

Jetzt müsste der Belastungswert auf null sein. Falls nicht, sollten Sie genau überprüfen, ob das, was Sie noch als belastend empfinden und auf der Skala mit 2 oder 3 einschätzen, noch das ursprüngliche Thema ist. In diesem Fall hat es sich nämlich mit hoher Wahrscheinlichkeit verändert. Das kommt häufig vor. Sie beginnen dann wieder mit dem Heilenden Satz.

Beispiel
Sie haben anfänglich Ihre Wut auf jemanden beklopft, bekommen diese durch das Klopfen aber nur auf den Skalenwert 3 herunter. Dies weist mit hoher Wahrscheinlichkeit darauf hin, dass das, was Sie mit dem Skalenwert 3 bewerten, gar keine Wut mehr ist, sondern dass es sich jetzt wohl eher um Trauer, Verletzung oder Enttäuschung handelt.

Warum das Klopfen funktioniert – und manchmal nicht

Durch das Aussprechen des Behandlungssatzes (»Meine Angst vor…«) verbinden Sie sich mit der Bewusstseinsebene, auf welcher Sie sich in Bezug auf Ihr Problem

(Angst, Schuldgefühl etc.) befinden. Durch das Beklopfen der Meridianpunkte gelangen Sie auf höhere Bewusstseinsebenen wie z. B. Vergebung, Liebe und Frieden. Anders ausgedrückt: Durch das Wiederholen des Behandlungssatzes verbinden Sie sich mit dem energetisch niedrigen Bewusstseinszustand (z. B. Angst) und gelangen durch das Beklopfen auf eine höhere Schwingungsebene (Vergebung, Liebe, Frieden). Deshalb ist die stete Wiederholung des Behandlungssatzes so wichtig. Damit ist auch erklärt, wieso in einigen Fällen durch Beklopfen keine Veränderung erfolgt. Dies ist nämlich dann der Fall, wenn die Person mit ihrem Behandlungssatz Ihre Bewusstseinsebene nicht zutreffend beschrieben hat.

Beispiel:
»Meine Trauer, dass mein Hund gestorben ist.« Beim Klopfen geht bei diesem Behandlungssatz der Skalenwert nicht runter. Erst nachdem der Satz in »Meine Trauer, dass Bello gestorben ist« verändert wurde – der Hund also beim Namen genannt wurde – geht der Skalenwert während des Klopfens auf null.

Worauf Sie achten sollten

Es ist, wie gesagt, zu Beginn einer MET-Behandlung sehr wichtig, das eigentliche Problem beziehungsweise Thema höchst präzise herauszuarbeiten. Hierbei gilt es, sich genau darauf zu konzentrieren, welche Problematik im gegebenen Augenblick, im Hier und Jetzt, vorherrscht beziehungsweise welches Gefühl man im Moment wirklich hat. Es geht also nicht darum, die belastenden Emotionen oder körperlichen Beschwerden des gestrigen Tages zu klopfen, sondern darum, genau zu überprüfen, ob ich *in diesem Moment* irgendwelche belastenden Emotionen oder körperlichen Beschwerden habe. Es ist also immer wieder wichtig, nachzuspüren und zu schauen, wo im Moment die höchste Energie ist beziehungsweise meine Aufmerksamkeit. Manchmal sind mehrere Gefühle gleichzeitig vorhanden. Beispielsweise empfindet jemand Wut und Trauer auf einmal. Dann sollte man genau überprüfen, welches dieser beiden Gefühle mehr im Vordergrund steht, die Trauer oder die Wut. Man beginnt immer mit dem Gefühl, welches für einen selbst oder für den Patienten im Vordergrund steht, welches also in diesem Moment am stärksten ist. Für den Fall, dass keines der Gefühle stärker ist als das andere, beginnt man einfach mit einem der beiden Gefühle. Durch das Beklopfen wird Ihnen dann schon bewusst, um welches Problem oder Gefühl es eigentlich geht. Dies gilt auch für die Behandlung körperlicher Probleme. Auch hier liegt der Fokus darauf, welches Ihrer körperlichen Probleme im Moment, im Hier und Jetzt, im Vordergrund steht.

Es kommt aber auch vor, dass man überhaupt nicht weiß, welches Gefühl man hat. Dann steht genau dieses Nichtwissen im Vordergrund. Man klopft also zunächst eine Runde mit dem Satz: »Obwohl ich überhaupt nicht weiß, was ich im Moment fühle, liebe und akzeptiere ich mich so, wie ich bin.« Unserer Erfahrung nach wird Ihnen danach bewusst sein, welches Gefühl im Vordergrund steht.

Wenn sich das Thema während der Behandlung verändert

In der MET-Behandlung kommt es regelmäßig vor, dass sich während des Klopfens der ursprüngliche Behandlungssatz verändert. Dies ist ein eindeutiger Hinweis darauf, dass sich das ursprüngliche Thema durch das Klopfen der ersten Punkte schon verändert hat beziehungsweise dass die Emotion aufgelöst ist und sich die betreffende Person schon auf einer anderen Bewusstseinsebene befindet. In diesem Fall ist es auch nicht mehr notwendig, den Klopfvorgang fortzusetzen. Stattdessen vergewissert man sich genau, welches Problem/Gefühl nun in den Vordergrund gerückt ist. Beispiel: Ein Patient beklopft seinen Ärger auf jemanden und merkt nach dem dritten Behandlungspunkt, dass er gar nicht mehr ärgerlich, sondern eher traurig ist. Meistens ist es nicht notwendig, in Bezug auf das neue Thema (Trauer) wieder mit dem Heilenden Satz zu beginnen. Oft reicht eine der zwei folgenden Möglichkeiten:

- Sie fangen mit dem ersten Klopfpunkt (Augenbraue) wieder an und klopfen alle 14 Punkte mit dem neuen Behandlungssatz (»Meine Trauer«) durch.

- Sie klopfen mit dem neuen Thema (»meine Trauer«) an dem Punkt weiter, an dem der Wechsel von Ärger zu Trauer stattfand.

In einigen Fällen reicht es manchmal sogar aus, die Thematik lediglich mit dem Heilenden Satz »Obwohl ich dieses Problem habe, liebe und akzeptiere ich mich so wie ich bin« zu benennen. Vornehmlich dann, wenn Sie das Problem nicht genau »greifen« können oder ein solches Dickicht an Problemen vor Ihnen liegt, dass Sie gar nicht wissen, wo Sie anfangen sollen. Man spricht dann bei jedem Behandlungspunkt dreimal die Worte: »Mein Problem« aus.

Wichtig ist, dass Sie nach jedem Klopfpunkt ganz genau nachzuspüren, was sich verändert hat, und ob Ihnen Ihr Problem bewusster geworden ist. Hieran orientiert sich gegebenenfalls die nächste Klopfrunde. Sollten Sie also nach dem Klopfen eines emotionalen Themas plötzlich Übelkeit verspüren, wenden Sie sich zunächst Ihrer Übelkeit zu und sprechen Sie bei jedem Klopfpunkt die Worte »Meine Übelkeit« aus, während Sie sich beklopfen. Bei komplexeren Themen werden durch das Klopfen mit Sicherheit verschiedene Aspekte des Gesamtproblems auftauchen. Diese werden dann nach dem Prinzip von Vordergrund und Hintergrund beklopft, also je nach Wichtigkeit der einzelnen Aspekte. Sie können sich darauf verlassen: Ihr Unbewusstes weist Ihnen den Weg.

Beendet ist die MET-Sitzung erst, wenn sich kein neues Thema mehr in den Vordergrund schiebt und Sie sich in einem Zustand von Ruhe, Gelassenheit, Zufriedenheit und innerem Frieden befinden.

Noch etwas: Manchmal kommt es vor, dass ein Belastungswert, der anfänglich bei 8 lag, schon nach dem Reiben des Heilenden Punktes auf null geht. In diesem Fall ist ein anschließendes Beklopfen des Themas nicht nötig. Schauen Sie einfach, welche Gefühle oder körperlichen Probleme möglicherweise jetzt noch im Vordergrund stehen, und beklopfen Sie diese dann wie beschrieben.

In der Selbstbehandlung sollte Sie darauf achten, zu welchen Punkten Sie intuitiv geführt werden, und ob es Punkte gibt, die Sie intuitiv länger klopfen möchten, weil sie Ihnen sehr gut tun. Danach sollten Sie sich richten. Falls Sie feststellen, dass Sie einen oder mehrere Meridianpunkte ausgelassen haben, besteht kein Anlass zur Sorge. Es war kein Zufall. Für die Behandlung waren diese Punkte im Moment offenbar nicht wichtig.

MET in der Fremdbehandlung

In der Fremdbehandlung ist es wichtig, dass sich der Behandler bei der Wahl des Heilenden Satzes zurückhält und den Patienten die Wahl treffen lässt. Manchmal kann es für den Patienten allerdings auch eine Unterstützung sein, wenn ihm der Behandler bestimmte Vorschläge unterbreitet hinsichtlich des Heilenden Satzes (und damit auch des Behandlungssatzes), die er aufgreifen kann, falls sie für ihn stimmig sind. Unserer Erfahrung nach ist es so, dass der Patient seinen Behandlungssatz immer selbst findet und auch genau weiß, wie er formuliert sein muss. Manchmal wird er auch während der Behandlung verändert. Das sollte man auf jeden Fall zulassen. Denn auch dies ist ein Zeichen von Bewusstwerdung.

In der Fremdbehandlung (aber auch in der Selbstbehandlung) kann es dazu kommen, dass die Emotionen, die auftreten (etwa Trauer), so stark sind, dass der Patient und somit auch der Behandler nicht mehr in der Lage sind, den Behandlungssatz zu formulieren. Das ist dann auch gar nicht notwendig. Der Patient befindet sich ohnehin auf der Bewusstseinsebene der Trauer, und dann reicht es vollkommen, lediglich die Punkte zu klopfen, und zwar so lange, bis die entsprechende Emotion auf null gegangen ist. Das kann einige Runden in Anspruch nehmen und wird so lange wiederholt, bis der Patient keine Belastung mehr empfindet.

Vorherrschende Bewusstseinsebene

Nach unseren Beobachtungen scheint sich jeder Mensch *hauptsächlich* in einem spezifischen Bewusstseinszustand zu befinden, was jedoch gleichzeitig andere Bewusstseinsstufen nicht ausschließt. Bei manchen Patienten stehen etwa Schuldgefühle im Mittelpunkt, andere haben sich im Bewusstseinszustand der Angst angesiedelt. Der eine lebt auf Dauer in Trauer/Depression/

Kummer, das Leben des anderen wird überwiegend von Wut, Ärger oder Hass geprägt und beim Nächsten ist die Scham ganz zentral. Das Ziel der MET-Behandlung besteht darin, gemeinsam mit dem Patienten seinen Bewusstseinszustand zu identifizieren und Themen aus derjenigen Bewusstseinsebene zu beklopfen, auf der er sich allem Anschein nach vornehmlich befindet.

Wenn der Erfolg auf sich warten lässt – Stehen Sie sich selbst im Weg?

In der Behandlung kommt es gelegentlich vor, dass man keine Fortschritte erzielt, der Skalenwert also nicht zurückgeht. Dies kann zwei Gründe haben: Der häufigste Grund ist der, dass das Thema im Behandlungssatz nicht genau genug formuliert wurde. Der zweithäufigste Grund besteht darin, dass die betreffende Person Ängste, Schuldgefühle, Zweifel oder Scham hat, wenn sie daran denkt, das Problem zu überwinden. So kommt es recht häufig vor, dass man beispielsweise aufgrund eines Problems auch einen so genannten Krankheitsgewinn hat. Krankheitsgewinn kann bedeuten: Ich brauche aufgrund meiner Krankheit nicht mehr zu arbeiten, ich kann bestimmte Aufgaben nicht mehr erledigen, Familienmitglieder müssen mich umsorgen usw. usf. Wenngleich die Person von ihrem Problem/Leiden befreit werden möchte, hat sie dennoch Angst, auf diese vermeintlichen Vorteile zu verzichten.

Nach unseren Beobachtungen gibt es vier Grundemotionen, die auf einer sehr niedrigen Schwingungsebene angesiedelt sind und dem Behandlungserfolg entgegenstehen können. Es handelt sich um:

- Scham
- Schuldgefühle
- Resignation
- Angst

Die Heilenden Sätze, die wir Ihnen im Folgenden für diese Fälle vorschlagen, wurden nach Lambrou und Pratt von uns modifiziert.

Schamgefühle

- »Obwohl es mir viel zu *peinlich* ist, dieses Problem zu überwinden, liebe und akzeptiere ich mich so, wie ich bin.«
- »Obwohl ich mich *unwürdig* fühle, dieses Problem zu überwinden, liebe …«

Schuldgefühle

- »Auch wenn ich es mir *nicht gestatte*, das Problem zu überwinden, liebe …«
- »Auch wenn ich nicht alles tue, was *notwendig* ist, um das Problem zu überwinden, liebe …«
- »Auch wenn es mir *keinen Vorteil* bringt, wenn das Problem weggeht, liebe …«

- »Auch wenn es *nicht gut für andere* ist, wenn ich das Problem überwinde, liebe …«

Resignation

- »Auch wenn es für mich *unmöglich* ist, dieses Problem zu überwinden, liebe …«
- »Auch wenn ich eine *besondere Blockierung* habe, das Problem zu verlieren, liebe …«
- »Auch wenn mich eine *ureigene Blockade* daran hindert, das Problem zu überwinden, liebe …«
- »Auch wenn ich *an MET nicht glaube*, liebe …«
- »Auch wenn ich *Zweifel* an MET habe, liebe …«
- »Auch wenn ich meine *Resignation* in Bezug auf mein Problem verlieren würde, liebe …«
- »Auch wenn mein Problem *viel zu tief sitzt*, als dass ich es überwinden kann, liebe …«
- »Auch wenn mein Problem *viel zu tief verwurzelt* ist, als dass ich es überwinden kann, liebe …«
- »Auch wenn ich dieses Problem *behalten* werde, liebe …«

Angst

- »Auch wenn es ein *Risiko für mich und andere* bedeutet, dieses Problem zu überwinden/verlieren, liebe …«
- »Auch wenn ich dieses Problem *behalten will*, liebe …«
- »Auch wenn es für mich *nicht sicher* ist, wenn das Problem weggeht, liebe …«

- »Auch wenn es für andere *nicht sicher* ist, wenn das Problem weggeht, liebe …«
- »Auch wenn es *für mich nicht gut* ist, das Problem zu überwinden, liebe …«
- »Auch wenn es mir *keinen Vorteil* bringt, wenn das Problem weggeht, liebe …«
- »Auch wenn ich *Angst davor habe,* mein Problem zu überwinden, liebe …«
- »Auch wenn ich *Angst davor* habe, dass hinter diesem Problem ein viel größeres Problem ist, liebe …«
- »Auch wenn mir etwas *fehlen wird,* wenn ich dieses Problem überwinde, liebe …«
- »Auch wenn ich *Angst davor* habe, dann meine Identität zu verlieren, liebe …«
- »Auch wenn sich mein *Leben nachhaltig verändern* würde, wenn ich dieses Problem verliere, liebe …«

In der Eigen- und Fremdbehandlung sollte man zunächst darauf achten, welcher Grundemotion man sich in Bezug auf sein Problem zuordnet. Also: Habe ich eher Ängste, mein Problem zu verlieren. Oder habe ich eher resigniert, dass ich mein Problem überwinden kann. Oder wie steht es mit Schuld- und Schamgefühlen, mein Problem zu verlieren.

Es gibt hier jetzt zwei Möglichkeiten: Entweder man wählt sich die Sätze aus, welche einen besonders ansprechen/berühren. Oder man reibt nacheinander alle Sätze in den Heilenden Punkt ein. Falls Ihnen noch andere Sätze einfallen, können Sie diese gern dazunehmen. Denn dieses ist kein geschlossenes System, sondern offen für weitere Sätze. Die oben genannten Sätze können natürlich auch individuell verändert und angepasst werden.

Beispiel: MET gegen Rückenschmerzen

- Atemgleichgewichtsübung
- Thymusdrüsenklopfen mit dem Satz »Ich liebe und glaube, vertraue, bin dankbar und mutig.«
- Heilenden Punkt kreisend massieren und dabei folgende Sätze je dreimal aussprechen:
    - »Obwohl ich diese Rückenschmerzen habe, liebe und akzeptiere ich mich so, wie ich bin.«
    - »Obwohl ich es nicht verdient habe, diese Schmerzen zu verlieren/zu überwinden, liebe …«
    - »Obwohl es für mich ein Risiko bedeutet, diese Rückenschmerzen zu verlieren, liebe …«
    - »Obwohl mir etwas fehlen wird, wenn ich diese Rückenschmerzen verliere, liebe …«
- Danach Klopfen der 14 Behandlungspunkte mit dem Behandlungssatz: »Meine Rückenschmerzen« (bei jedem Klopfpunkt einmal aussprechen)
- Falls noch nicht auf null, wird wie folgt verfahren:
    - Heilenden Punkt kreisend massieren und dabei folgenden Satz je dreimal aussprechen: »Obwohl ich *immer noch ein bisschen* diese Rückenschmerzen habe, liebe und akzeptiere ich mich so, wie ich bin.«
- Erneutes Klopfen der 14 Behandlungspunkte mit

dem Behandlungssatz: »Meine restlichen Rückenschmerzen«.

- Falls noch nicht auf null, eventuell neue Aspekte desselben Themas oder neu auftauende Themen behandeln.

Mentales Klopfen

Viele Seminarteilnehmer kamen von sich aus nach dem MET-Grundseminar auf die Idee, gar nicht die Behandlungspunkte physisch, also mit den Fingern, zu klopfen, sondern die gesamte MET-Behandlung rein gedanklich durchzuführen. Sie berichteten dabei von jeweils beeindruckenden Behandlungserfolgen. Dies bestätigte unsere eigenen Erfahrungen, welche wir mit gedanklichem (mentalem) Klopfen auch schon gesammelt hatten.

Der mentalen MET-Behandlung liegt die Kraft des Geistes zugrunde, der den Körper beeinflussen kann. Unsere Gedanken sind kraftvolle Energien, die unseren Körper erheblich beeinflussen. Statt eines physischen Impulses gibt man beim mentalen Klopfen einen gedanklichen Impuls, der ebenso dazu führt, die oben beschriebene Bewusstseinserhöhung herbeizuführen. Manche MET-Anwender sind sogar der Meinung, dass diese Art der Behandlung noch viel stärker bei ihnen wirkt. Probieren Sie es aus!

Beim mentalen Klopfen führen Sie folgende Schritte durch, um Ihr Problem/Thema zu bearbeiten: Thymusklopfen, Heilender Satz in den Heilenden Punkt einreiben, die 14 Behandlungspunkte beklopfen. Dies alles geschieht in Ihrer Vorstellung, d. h. Sie stellen sich den kompletten Behandlungsablauf vor. Im Geiste beklopfen Sie die Thymusdrüse, reiben den Heilenden Punkt, wiederholen den ersten »Obwohl-Satz« dreimal und klopfen dann im Geiste alle 14 Behandlungspunkte durch. Anschließend führen Sie auch die Handrückenserie im Geiste durch.

Körperliche Erkrankungen

Die Weltgesundheitsorganisation (WHO) definiert Gesundheit als den »Zustand des vollständigen körperlichen, geistigen, sozialen Wohlbefindens und nicht nur des Freiseins von Krankheiten und Gebrechen« – eine ganzheitliche Sichtweise, der wir uns nur anschließen können.

Die Schulmedizin neigt dagegen leider immer noch dazu, den Menschen zu fragmentieren. Krankheit betrachtet sie als einen Angriff auf den menschlichen Organismus, dem er mehr oder weniger hilflos ausgesetzt ist. Und so werden denn alle medizinischen Kompetenzen und Aktivitäten darauf ausgerichtet, Symptome zu behandeln und »äußere Erreger« wie etwa Viren und Bakterien nach Möglichkeit zu eliminieren.

Dabei wird der Patient noch allzu häufig auf sein »Krankheitsbild« reduziert, während sein seelisch-geistig-emotionaler Gesamtzustand unberücksichtigt bleibt und auch seinen Selbstheilungskräften wenig Bedeutung beigemessen wird. (Allerdings finden ganz allmählich immer mehr Erkenntnisse der Psychosomatik sowie der so genannten ergänzenden Heilmethoden Eingang in die Allopathie.)

In der Energetischen Psychologie wird das Kontinuum von Gesundheit und Krankheit dagegen wie etwa auch in der klassischen Homöopathie oder der Traditionellen Chinesischen Medizin als ein energetischer Prozess betrachtet, und Heilung zielt stets auf (Wieder-)Herstellung von Balance ab.

Nach unserem Modell (siehe S. 23) sind Emotionen Ausdruck der jeweiligen Bewusstseinsebene, auf der sich das Individuum befindet. Ist diese Bewusstseinsebene eher niedrigschwingend angesiedelt, wie es etwa bei Angst und Schuldgefühlen der Fall ist, können die entsprechenden Emotionen über kurz oder lang zu körperlichen Symptomen – einer Krankheit – führen. Im Heilungsprozess, der durch MET angeregt wird, verbindet sich der Patient dann einen Moment lang mit dem höchsten Bewusstsein, mit Gott. Von dieser Ebene aus erfolgt die Transformation in den Zellen und in der Psyche des Menschen. Belastende Gefühle lösen sich auf, da sie nicht Ausdruck der neuen Bewusstseinsebene sind.

Homöostase – die Suche nach dem Gleichgewicht

Das Leben ist ständig darum bemüht, sämtliche körperlichen und seelischen Prozesse im Gleichgewicht zu halten. Diese Tatsache nennt man wissenschaftlich Homöostase und laienhaft Anpassung. Die Homöostase ist der Vorgang, durch den der Organismus sein Gleichgewicht und dadurch seine Gesundheit unter wechselnden Bedingungen aufrechterhält. Durch Homöostase befriedigt der Organismus seine Bedürfnisse. So essen wir, wenn wir hungrig sind, so trinken wir, wenn wir durstig sind, und schlafen, wenn wir müde sind. Kranksein bedeutet somit nichts anderes als Ungleichgewicht, welches der Körper bemüht ist auszugleichen. Der höchste Zustand der Homöostase ist der Bewusstseinszustand der Liebe, des Friedens, der Freude und letztlich des Einsseins mit Gott. Auch in der Traditionellen Chinesischen Medizin und in der klassischen Homöopathie nach Hahnemann wird diesem Umstand Rechnung getragen und der Mensch als Ganzes wahrgenommen und behandelt. Dasselbe geschieht in einer MET-Behandlung, in der es darum geht herauszufinden, wo bei dem Patienten das energetische Ungleichgewicht vorliegt beziehungsweise auf welcher Energieebene er sich momentan befindet, um ihn dann durch das Beklopfen auf eine höhere Energie- und Bewusstseinsebene zu heben.

Wo tut's weh?

Im Gegensatz zur Schulmedizin interessieren wir uns in erster Linie dafür, was für den Patienten im Vordergrund steht, wie er seine Krankheit beschreibt und formuliert.

Mit welchen Stempeln er versehen wurde oder sich selbst versieht, wollen wir dabei gar nicht unbedingt wissen: »Ich habe Colitis ulcerosa.« »Ich habe Fibromyalgie.« »Ich habe Rheuma.« »Ich habe eine Agoraphobie.« Als ob Heilung davon abhinge, die lateinische Bezeichnung einer Gleichgewichtsstörung nachbeten zu können!

Was uns jedoch intensiv beschäftigt, ist, wie wir im zweiten Kapitel schon erläutert haben, die präzise Formulierung des Unbehagens, das der Patient empfindet. Sie erinnern sich: Unter Umständen können Heilungskräfte erst ans Werk gehen, wenn statt Ihrer »Angst vor Hunden« Ihre »panische Angst vor Bello« beklopft wird.

Deshalb fragen wir, wie es klassische Homöopathen auch tun würden, zum Beispiel genau nach, ob der Schmerz, den der Patient empfindet, reißend, ziehend oder eher drückend ist. In erster Linie aber erkundigen wir uns nach seinem gegenwärtigen Gemütszustand: Was empfindet er in Bezug auf seine Erkrankung? Ist er ärgerlich auf seine Erkrankung oder vielleicht eher traurig?

Dabei steht naturgemäß immer die Individualität des Patienten im Vordergrund. »Das« Magengeschwür oder »die« Migräne gibt es nach unserem Verständnis ohnehin nicht. Sondern nur die individuelle Charakteristik, die persönliche Ausgestaltung einer Symptomatik.

Zur Verdeutlichung des oben Gesagten hier ein Beispiel aus einem unserer Seminare: Eine etwa 60-jährige Dame, eine anerkannte Ärztin, litt seit ihrer Jugend an Rückenschmerzen. Das Gehen war sichtlich schmerzhaft und fiel ihr schwer. In den letzten

Wochen sei es schlimmer geworden. Die Frage, welche Emotion sie in Bezug auf diese Rückenschmerzen habe, beantwortete sie mit den Worten: »Ich bin ärgerlich, dass ich mich nicht so bewegen kann, wie ich möchte.« Wir beklopften dann nur diesen Ärger. Der Heilende Satz lautete: »Obwohl ich so ärgerlich bin, dass ich mich nicht so bewegen kann, wie ich möchte, liebe und akzeptiere ich mich so, wie ich bin.« Der Behandlungssatz: »Mein Ärger, dass ich mich nicht so bewegen kann, wie ich möchte.« Danach stand die Dame auf, streckte sich und machte eine Rumpfbeuge. Sie sagte: »Das gibt es nicht! Das konnte ich noch nie!« Während des gesamten Seminars wiederholte sie die Rumpfbeugen und konnte kaum begreifen, dass ihre Rückenschmerzen allein aufgrund des Auflösens ihres Ärgers verschwunden waren.

Die Emotionen aufdecken

In unserer langjährigen Praxis konnten wir eines immer wieder beobachten: Dem Ausbruch einer somatischen Erkrankung geht in einem Zeitraum von etwa ein bis drei Jahren ein besonderes Lebensereignis voraus: Tod eines Elternteils, Ehescheidung, Trennung, Trauma, Unfall, Arbeitslosigkeit und dergleichen. Zumeist kommt die »schwere Krankheit«, von einer höheren Warte aus betrachtet, auch nicht ganz unangekündigt. Im Vorfeld gibt es häufig »harmlosere« gesundheitliche Störungen, die jedoch als Alarmsignale nicht begriffen wurden.

In intensiven Befragungen der Patienten zeigt sich immer wieder, dass die persönliche Katastrophe, die der Auslöser ihrer Krankheit war, emotional nicht aufgearbeitet wurde und die daraus entstehenden Emotionen unaufgelöst blieben.

Doch wer eine längere Zeit über auf der energetischen Ebene von Trauer, Angst und Verlustempfinden verweilt und diese Emotionen nicht auflöst, wird beinahe zwangsläufig irgendwann psychische oder körperliche Symptome entwickeln. So sind etwa Depressionen häufig Folge unverarbeiteter Trauer; Erkrankungen des Magen-Darm-Trakts stehen im Zusammenhang mit der Bewusstseinsebene der Angst; Wut, Ärger, Hass ziehen häufig Probleme mit der Gallenblase oder dem Herzen nach sich. Aus diesen Gründen sind wir in der MET-Behandlung immer bemüht, die zugrunde liegenden Emotionen aufzudecken und aufzulösen.

Doch was, wenn Sie beim besten Willen keine Emotion in Bezug auf Ihre Symptomatik empfinden? Hilfsweise beginnen Sie Ihre Behandlung mit folgendem Heilenden Satz:

»Obwohl ich diese(n) Ärger/Wut/Hass/Trauer/Scham (beispielsweise: in meinem Nacken) habe, liebe und akzeptiere ich mich so, wie ich bin.« Nach einer Klopfrunde werden Sie feststellen, dass Ihnen bewusst geworden ist, welche Emotion Sie in Bezug auf Ihre körperliche Symptomatik haben.

Glaubenssätze

In der Behandlung körperlicher Erkrankungen müssen jedoch nicht nur die Emotionen des Patienten beklopft werden. Von ebenso großer Bedeutung sind die Glaubenssätze und Überzeugungen, die der Kranke über sein Leiden hat. Auch diese können ihn nämlich an seine niedrige Bewusstseinsebene fesseln und Heilung verhindern. So ist es beispielsweise wichtig herauszufinden, ob er sich überhaupt vorstellen kann, seine Krankheit zu überwinden.

Nähere Informationen über die Macht des Denkens und Sprechens finden Sie im Kapitel »Affirmationen und Wahlmöglichkeiten«. An dieser Stelle nur so viel: Gedanken und Gesprochenes schaffen Realität. Das gilt auch für körperliche Erkrankungen. Wenn ich hartnäckig der Überzeugung bin, dass ich nicht gesund werden kann, wird das auch so sein. Denn der Körper folgt dem Geist. Machen Sie sich also bewusst, was Sie in Bezug auf Ihre körperlichen Erkrankungen denken und welcher Überzeugung Sie sind, und lösen Sie diese Glaubenssätze und Überzeugungen mit MET auf. Ihr Körper wird es Ihnen durch Gesundheit danken.

Heilende Sätze – Medizin für Körper und Geist

Hier einige Beispiele für Heilende Sätze, die Sie nach Gusto in Ihren Heilenden Punkt einreiben können.

- »Mein Glaube, dass ich diese Krankheit nicht überwinden kann.«

■ Heilender Satz: »Obwohl ich glaube, dass ich meine Krankheit nicht überwinden kann, liebe und akzeptiere ich mich so, wie ich bin.«

◆ »Ich kann mir nicht vorstellen, dass man diese Erkrankung mit MET behandeln kann.«

■ Heilender Satz: »Obwohl ich mir nicht vorstellen kann, dass man diese Erkrankung mit MET behandeln kann, liebe ...«

◆ »Es würde mein ganzes Weltbild zerstören, wenn diese Krankheit mit MET geheilt würde.«

■ Heilender Satz: »Obwohl es mein ganzes Weltbild zerstören würde, wenn ich diese Krankheit mit MET heile, liebe ...«

◆ »Meine Erkrankung ist so schwerwiegend, die kann man sowieso nicht heilen.«

■ Heilender Satz: »Obwohl ich glaube, dass meine Erkrankung so schwerwiegend ist, dass man sie nicht heilen kann, liebe ...« »Obwohl ich es nicht verdient habe, diesen Glaubenssatz zu verlieren, liebe ...«

◆ »Dies ist eine unheilbare Krankheit.«

■ Heilender Satz: »Obwohl ich glaube, dass ich eine unheilbare Krankheit habe, liebe ...«

◆ »Mit dieser Erkrankung muss ich bis an mein Lebensende leben.«

■ Heilender Satz: »Obwohl ich glaube, dass ich mit dieser Krankheit leben muss, liebe ...«

◆ »Da kann man sowieso nichts machen.«

■ Heilender Satz: »Obwohl ich glaube, dass man bei meiner Krankheit sowieso nichts machen kann, liebe ...«

- »Damit muss ich mich arrangieren.«
   - Heilender Satz: »Obwohl ich glaube, dass ich mich mit dieser Krankheit arrangieren muss, liebe ...«
- »Ich habe diese Krankheit ja verdient.«
   - Heilender Satz: »Obwohl ich glaube, dass ich diese Krankheit verdient habe, liebe ...«
- »Ich habe selber Schuld, dass ich diese Krankheit habe.«
   - Heilender Satz: »Obwohl ich glaube, dass ich selber Schuld habe, dass ich diese Krankheit habe, liebe ...«
- »Ich glaube daran, dass es so etwas wie Altersweitsichtigkeit gibt.«
   - Heilender Satz: »Obwohl ich glaube, dass es so etwas wie Altersweitsichtigkeit gibt, liebe ...«
- »Mit 40 Jahren beginnt die Osteoporose.«
   - Heilender Satz: »Obwohl ich glaube, dass mit 40 die Osteoporose beginnt, liebe ...«
- »Im Alter braucht man unbedingt eine Brille.«
   - Heilender Satz: »Obwohl ich glaube, dass man im Alter eine Brille braucht, liebe ...«
- »Im Alter lässt das Gedächtnis nach.«
   - Heilender Satz: »Obwohl ich glaube, dass im Alter das Gedächtnis nachlässt, liebe ...«
- »Das sind Verschleißerscheinungen, das ist normal in meinem Alter.«
   - Heilender Satz: »Obwohl ich glaube, dass Verschleißerscheinungen in meinem Alter normal sind, liebe ...«

- »Es ist mein Schicksal, dass ich diese Krankheit habe.«
  - Heilender Satz: »Obwohl ich glaube, dass es mein Schicksal ist, dass ich diese Krankheit habe, liebe …«
- »Ich habe meine Krankheit schon viel zu lange, als dass man sie heilen könnte.«
  - Heilender Satz: Obwohl ich glaube, dass ich meine Krankheit schon viel zu lange habe, als dass ich sie überwinden könnte, liebe …«
- »Ich kann mir nicht vorstellen, jemals ohne Medikamente auszukommen.«
  - Heilender Satz: »Obwohl ich mir nicht vorstellen kann, dass ich jemals ohne Medikamente auskomme, liebe …«
- »Ich habe diese Krankheit geerbt.«
  - Heilender Satz: »Obwohl ich glaube, dass ich diese Krankheit geerbt habe, liebe …«
- »Das haben alle Männer/Frauen in meiner Familie.«
  - Heilender Satz: »Obwohl alle Männer/Frauen in meiner Familie diese Krankheit haben, liebe …«
- »Das ist bei Männern/Frauen in meinem Alter normal.«
  - Heilender Satz: »Obwohl ich glaube, dass das bei Männern/Frauen in meinem Alter normal ist, liebe …«
- »Ich habe eine genetische Disposition für diese Krankheit.«
  - Heilender Satz: »Obwohl ich glaube, dass ich eine genetische Disposition für diese Krankheit habe, liebe …«

- »Das ist Veranlagung.«
  - Heilender Satz: »Obwohl ich glaube, dass das Veranlagung ist, liebe …«
- »Diese Krankheit ist gottgegeben.«
  - Heilender Satz: »Obwohl ich glaube, dass diese Krankheit gottgegeben ist, liebe …«

In der Praxis können wir immer wieder beobachten, dass es zu dramatischen Verbesserungen im Krankheitsbild kommt, sobald die Glaubenssätze, die der Patient hatte, einmal aufgelöst wurden.

Fallbeispiel
Eine Patientin litt seit Jahren unter erheblichen Beschwerden im rechten Knie. Ihre Schmerzen waren auch durch das Beklopfen in der Selbstbehandlung nicht weggegangen. Sie hatte schon alle Sätze durchgeklopft, die ihr eingefallen waren. In der Besprechung wurde deutlich, dass sie in Bezug auf ihre Knieschmerzen resigniert hatte. Im weiteren Verlauf des Gesprächs äußerte sie, dass sie sich auch nicht vorstellen können, dass diese Schmerzen jemals weggehen würden. Zunächst beklopften wir den Satz »Obwohl ich in Bezug auf mein schmerzhaftes Knie resigniert habe, liebe und akzeptiere ich mich so, wie ich bin« (Behandlungssatz: »Meine Resignation in Bezug auf mein schmerzhaftes Knie«). Danach waren die Schmerzen schon deutlich besser. Nachdem wir den Satz »Obwohl ich mir nicht vorstellen kann, schmerzfrei zu sein, liebe

und akzeptiere ich mich so, wie ich bin« beklopft hatten (Behandlungssatz: »Ich kann mir nicht vorstellen, schmerzfrei zu sein.«), verschwanden die Schmerzen vollständig.

Wut, Ärger, Hass

Gerade bei körperlichen Erkrankungen wird der Behandlungserfolg durch Wut, Ärger, Hass oder Groll der Patienten auf ihre Symptomatik häufig torpediert. Nach dem Prinzip von Vordergrund und Hintergrund gilt es daher, wie obiges Beispiel deutlich macht, stets herauszufinden, welche Glaubenssätze und Emotionen in Bezug auf die Krankheit aktuell, im gegebenen Moment, vorherrschen.

Wir möchten Ihnen ein weiteres Beispiel dafür geben: Eine Patientin kam mit einem steifen Arm zu uns, den sie gerade einmal zwanzig Zentimeter anheben konnte. Bereits seit einem halben Jahr war sie in physiotherapeutischer Behandlung, allerdings ohne Erfolg. Das Erste, was sie bei der Besprechung ihrer Symptomatik äußerte, war, wie sehr es sie nerve, dass sie sich nicht ungehindert bewegen konnte. Daher lautete der Heilende Satz, den wir ihr vorschlugen: »Obwohl ich total ärgerlich darüber bin, dass ich meinen Arm nicht heben kann, liebe und akzeptiere ich mich so, wie ich bin.« Beklopft wurde sie mit dem Behandlungssatz »Mein Ärger auf meinen rechten Arm«. Direkt im Anschluss konnte sie den Arm problemlos bis über den Kopf heben.

Was war passiert?

Dadurch dass sich die Patientin von ihrem Arm »genervt« fühlte, vollzog sich bei ihr eine innere Spaltung: Ein Teil von ihr war sauer auf den anderen. Zu einer Heilung kann es unter diesen Umständen natürlich nicht kommen. Erst als die Patientin ihren Ärger auflösen und damit die Spaltung beseitigen konnte, wurde der Arm integriert. Der Schmerz verschwand, die Beweglichkeit kam zurück, die Heilung war erfolgt.

Da wir diesem Phänomen immer wieder begegnen, können wir nur empfehlen, Emotionen wie Ärger oder Wut auf die Krankheit allergrößte Aufmerksamkeit zu schenken. Denn erst in dem Augenblick, in dem diese Emotionen aufgelöst werden, vermag sich der Patient mit sich selbst zu versöhnen und den Weg zur Heilung freizulegen.

Praktischer Leitfaden

Wenn Sie eine körperliche Erkrankung mit MET behandeln möchten, sollten Sie sich daher folgende Fragen stellen und sie in aller Aufrichtigkeit beantworten:

- Welche Glaubenssätze habe ich über meine Krankheit?
- Habe ich in Bezug auf die Heilung meiner Krankheit resigniert?

▪ Heilender Satz: »Obwohl ich in Bezug auf die Heilung meiner Krankheit resigniert habe, liebe …«

- Bin ich ärgerlich auf mich, weil ich etwas dazu beigetragen habe, dass diese Krankheit überhaupt entstanden ist?
  - Heilender Satz: »Obwohl ich ärgerlich auf mich bin, weil ich etwas zu dieser Krankheit beigetragen habe, liebe …« (Ich habe ja auch 20 Jahre geraucht und mich ungesund ernährt.)
- Bin ich ärgerlich auf andere, dass sie etwas zur Entstehung meiner Krankheit beigetragen haben?
  - Heilender Satz: »Obwohl ich ärgerlich auf (meine Eltern) bin, dass sie zu der Entstehung meiner Krankheit etwas beigetragen haben, liebe …«
- Habe ich Schuldgefühle, dass ich (etwa durch übermäßiges Rauchen, Trinken, zu wenig körperliche Bewegung oder ungesunde Ernährung) zum Entstehen dieser Krankheit beigetragen habe?
  - Heilender Satz: »Obwohl ich diese Schuldgefühle habe, dass ich etwas zum Entstehen der Krankheit beigetragen habe, liebe …«
- Bin ich traurig, dass ich diese Erkrankung habe?
  - Heilender Satz: »Obwohl ich traurig bin, dass ich diese Krankheit habe, liebe …«
- Bin ich wütend auf den Arzt, der die Diagnose gestellt hat?
  - Heilender Satz: »Obwohl ich wütend auf den Arzt bin, dass er diese Diagnose gestellt hat, liebe …«
- Bin ich wütend auf den Arzt, der die Operation verpfuscht hat?

- Heilender Satz: »Obwohl ich wütend auf den Arzt bin, dass er die Operation verpfuscht hat, liebe …«

- Bin ich wütend auf den Arzt, der mir so brutal gesagt hat, dass ich Krebs habe?
  - Heilender Satz: »Obwohl ich wütend auf den Arzt bin, weil er mir so brutal gesagt hat, dass ich Krebs habe, liebe …«
- Mache ich mir Vorwürfe, dass ich zur Entstehung dieser Krankheit beigetragen habe?
  - Heilender Satz: »Obwohl ich mir Vorwürfe mache, dass ich zur Entstehung dieser Krankheit beigetragen habe, liebe …«
- Habe ich Angst, diese Krankheit zu überwinden?
  - Heilender Satz: »Obwohl ich Angst habe, diese Krankheit zu überwinden, liebe …«
- Habe ich Angst, nicht geheilt zu werden?
  - Heilender Satz: »Obwohl ich Angst habe, nicht geheilt zu werden, liebe …«

Krankheit – ein Gewinn?

Machen Sie sich jedoch bitte klar, dass Störungen der körperlichen Gesundheit oft auch mit einem gewissen »Krankheitsgewinn« einhergehen (siehe dazu auch S. 35 ff.): Ich brauche nicht mehr zu arbeiten. Ich werde gepflegt. Ich brauche keine Verantwortung mehr für mich zu übernehmen. Ich darf jeden Tag zur Massage gehen. Ich kann ständig über meine Krankheit reden. Ich werde bemitleidet. Ich kann Angehörige und Freunde mit meiner Krankheit manipulieren. Ich muss meine häuslichen, beruflichen, ehelichen Verpflichtungen nicht mehr erfüllen. Meine Familie muss sich um mich kümmern. Ich kann endlich mal schwach sein. Endlich bekomme ich mal was für meine Krankenkassenbeiträge zurück. Ich bin so gerne Opfer.

Daher empfiehlt es sich, zusätzlich auch einige der folgenden Heilenden Sätze in den Heilenden Punkt einzureiben:

- »Obwohl es ein Risiko für mich und andere bedeuten könnte, wenn ich meine Krankheit vollständig überwinde, liebe und akzeptiere ich mich so, wie ich bin.«
- »Obwohl mir etwas fehlen würde, wenn ich diese Krankheit vollständig überwinde, liebe …«
- »Obwohl sich mein Leben zu sehr verändern würde, wenn ich meine Krankheit überwinden würde, liebe …«

Sollten die körperlichen Symptome auch nach dem eingehenden Beklopfen der aktuellen Emotionen und Glaubenssätze weiter bestehen, werden sie im nächsten Schritt direkt beklopft. Zum Beispiel mit den folgenden Heilenden Sätzen, die Sie je nach Ihren persönlichen Bedürfnissen abwandeln können:

- »Obwohl ich diese Rückenschmerzen habe, liebe und akzeptiere ich mich so, wie ich bin.«
- »Obwohl ich diese Migräne habe, liebe …«
- »Obwohl ich diese Bewegungseinschränkung habe, liebe …«

Nicht ohne Ihren Therapeuten

Haben Sie Geduld – mit sich, Ihrer Krankheit und gegebenenfalls auch mit Ihrem MET-Therapeuten. Nicht immer verschwinden somatische Beschwerden schon nach ein, zwei Behandlungen. Häufig sind über einen gewissen Zeitraum hinweg regelmäßige Behandlungen erforderlich. Denn oftmals taucht ein Aspekt nach dem anderen auf und schiebt sich in den Vordergrund. Und alle diese verschiedenen Facetten der Erkrankung müssen beklopft werden, um das Gleichgewicht auf Dauer wiederherstellen zu können.

Da sich nicht alle somatischen Erkrankungen zur Selbstbehandlung eignen, sollten Sie sich gegebenenfalls von einem MET-Therapeuten durch das Labyrinth Ihres Energiekörpers begleiten lassen und sich seiner Führung anvertrauen. Entsprechende Behandlungssätze möchten wir Ihnen trotzdem nicht vorenthalten.

Asthma

- »Mein Asthma.«
- »Meine Angst davor, keine Luft zu kriegen.«
- »Meine Angst davor, einen Asthmaanfall zu bekommen.«
- »Meine Angst davor, bei einem Asthmaanfall zu ersticken.«
- »Meine Angst zu sterben.«
- »Meine Angst, das Spray zu vergessen.«
- »Meine Angst, dass mein Asthma immer schlimmer wird.«

Krebs

- »Meine Angst zu sterben.«
- »Meine Angst, einen Rückfall zu erleiden.«
- »Meine Angst vor Metastasen.«
- »Meine Angst vor den Schmerzen.«
- »Meine Angst, dass ich operiert werden muss.«
- »Meine Angst, meine Kinder nicht mehr aufwachsen zu sehen.«
- »Meine Angst, nicht geheilt zu werden.«
- »Meine Angst, dass es ein bösartiger Tumor ist.«
- »Mein Ärger auf Gott, dass er diese Krankheit über mich gebracht hat.«
- »Meine Wut auf Gott, dass es ausgerechnet mich erwischt hat.«
- »Meine Trauer, dass ich Krebs bekommen habe.«

Migräne

- »Mein Ärger, dass ich ständig Migräne habe.«
- »Meine Angst davor, wieder einen Migräneanfall zu bekommen.«
- »Meine Scham, dass ich Migräne habe.«
- »Meine Leiden unter dieser Krankheit.«
- »Meine Trauer, dass ich so lange schon unter Migräne leiden muss.«
- »Meine Resignation über meine Migräne.«
- »Mein beginnender Migräneanfall.«

Allergien

- »Meine Allergie gegen Gräser und Baumpollen.«
- »Meine Katzenhaarallergie.«
- »Meine Milcheiweißallergie.«
- »Meine tränenden Augen.«
- »Meine juckende Nase.«
- »Mein juckender Hals.«
- »Mein Ärger, dass ich wegen dieser Allergie bestimmte Sachen nicht machen kann.«

Bulimie

- »Meine Angst, zu dick zu werden (weiblich, verführbar, verführerisch).«
- »Meine Angst, durch zu vieles Erbrechen zu verhungern.«
- »Meine Angst, die Speiseröhre zu schädigen.«
- »Meine Angst, dass eine unbewusste Freude zu Tage tritt, wenn ich durch meine Erkrankung die Kontrolle über das Essverhalten in meiner Familie habe.«
- »Meine Angst, dass sich die herbeigesehnte Kontrolle über mich dann ganz anders anfühlt, als ich mir das jetzt vorstelle.«
- »Meine Angst, zur Partnerin des Vaters zu werden und die Mutter auszugrenzen.«
- »Meine Angst zu einer Frau zu werden.«
- »Meine Angst vor Selbstverantwortung.«
- »Meine fehlende Kontrolle, wenn ich diesen Fressanfall bekomme.«
- »Meine fehlende Kontrolle über den Essvorgang.«

- »Ich muss dann essen.«
- »Ich schäme mich, dass ich mich ständig überfresse und dann erbreche.«
- »Mir sind diese Brechanfälle peinlich.«
- »Ich fühle mich schuldig, diese Brechanfälle zu haben.«
- »Ich fühle mich schuldig, so viel zu essen.«
- »Ich fühle mich schuldig, zu viel zu essen.«
- »Meine Schuldgefühle, dass sich meine Eltern wegen mir solche Sorgen machen müssen.«
- »Ich habe mich an diese Situation schon gewöhnt.«
- »Es ist mir peinlich, dass meine kleinen Geschmacksnerven eine so große Macht über meinen Körper erlangt haben.«
- »Meine Ärger, dass ich so viel fressen muss.«
- »Meine Angst, die Kontrolle über meine Gier zu verlieren.«
- »Meine Angst, nicht wieder alles auskotzen zu können.«
- »Meine Wut über die Abhängigkeit vom Essen.«
- »Meine Wut über die Abhängigkeit vom Essen und vom Brechen.«
- »Mein möglicher Ärger/Wut/Hass auf meine Mutter/meinen Vater.«
- »Meine Schuldgefühle meiner Mutter/meinem Vater gegenüber.«
- »Meine Verzweiflung, aus diesem Kreislauf nie wieder herauszukommen.«
- »Meine große Lust am Kotzen.«

- »Meine Angst, diese Lust nicht mehr zu haben.«
- »Meine Angst, dass mich meine Mutter nicht mehr mag, wenn ich eine attraktive Frau bin.«
- »Meine Angst, dass mein Vater mich begehren könnte, wenn ich eine attraktive Frau bin.«
- »Ich finde alles zum Kotzen.«
- »Ich finde meine Eltern zum Kotzen.«
- »Ich finde das, was meine Eltern mir beigebracht haben, zum Kotzen.«
- »Ich finde das Verhältnis zwischen meinen Eltern zum Kotzen.«
- Ich finde es zum Kotzen, dass sich meine Eltern getrennt haben.«

Obwohl es bereits nach ein oder zwei Sitzungen zu einer erheblichen Verbesserung kommen kann, erfordert die Behandlung körperlicher Gebrechen häufig regelmäßiges Beklopfen.

Sollten diese nach Auflösung aller zugrunde liegender Glaubenssätze und Emotionen jedoch auch längerfristig nicht verschwinden, so ist zu vermuten, dass der Patient hartnäckig am alten Bewusstseinszustand festhält. Doch auch in diesem Fall müssen Sie nicht verzagen: Bleiben Sie einfach dabei. Beklopfen Sie Ihre Beschwerden und achten Sie dabei penibel auf alle eventuell neu hochkommenden Aspekte, Gefühle oder Glaubenssätze.

Auf Dauer liegt Heilung in Ihrer Hand.

Abtreibungen und ihre meridian-energetische Behandlung

Wir werden immer wieder von Patientinnen aufgesucht, die eine oder mehrere Abtreibungen hinter sich haben. Die Erfahrungen, die wir dabei gemacht haben, ließen uns zu dem Schluss kommen, dass es hilfreich und sinnvoll ist, dieser Problematik, die ja auch in der Öffentlichkeit immer wieder leidenschaftlich thematisiert wird, ein eigenes Kapitel zu widmen.

Dass das Thema »Schwangerschaftsabbruch« ideologisch, politisch, religiös und ethisch so stark besetzt ist und immer wieder zu heftigen Diskussionen führt, liegt unseres Erachtens daran, dass sich die verschiedenen »Parteien«, die die Debatte bestimmen, auf je unterschiedlichen Bewusstseinsebenen befinden (Scham, Schuld, Angst, Ärger).

In der Praxis sind wir noch keiner Frau begegnet, die dieses einschneidende Erlebnis in Gänze aufzulösen vermochte. Selbst Frauen, die in längeren Therapien daran gearbeitet hatten, zeigen im Gespräch über ihren Schwangerschaftsabbruch noch heftige emotionale Reaktionen.

Viele Patientinnen wenden sich wegen Unterleibsbeschwerden oder sexuellen Problemen an uns, die, wie sich im Gespräch meistens alsbald herausstellt, innerhalb der ersten ein, zwei Jahre nach dem Eingriff auftraten. Ganz augenscheinlich haben sich bei diesen Frauen die körperlichen Probleme aufgrund unverarbeiteter Gefühle eingestellt. Unserer Erfahrung nach verbessern sich die Beschwerden oder verschwinden häufig sogar ganz, sobald die speziell mit dem Abbruch zusammenhängenden Emotionen aufgelöst werden.

Doch um welche Gefühle beziehungsweise Bewusstseinsebenen handelt es sich dabei eigentlich?

Die Emotion, die mit einer Abtreibung am häufigsten im Zusammenhang steht, ist das Schuldgefühl darüber, ein Leben zerstört zu haben. Dessen sind sich viele Frauen nicht bewusst, denn sie haben ihre rationalen Gründe dafür, warum sie ihr Kind nicht austragen konnten, und diese sind auch selten ganz von der Hand zu weisen: finanzielle Erwägungen, Unzuverlässigkeit des Partners, die Angst davor, allein stehende Mutter zu sein. Diese rationalen Erklärungen können jedoch nicht verhindern, dass die Frau auf einer tieferen seelischen Ebene ein quälendes schlechtes Gewissen hat, weil sie ganz in ihrem Inneren »weiß«, dass ihre Aufgabe darin besteht, Leben zu schenken und zu erhalten.

Ungeachtet unserer persönlichen Haltung zum Thema »Abtreibung« möchten wir betroffenen Frauen eine Möglichkeit bieten, ihre Emotionen, mit denen sie sonst ganz allein sind, aufzulösen und so zu innerem Frieden zu finden.

Für Sie haben wir Behandlungssätze zusammengestellt, von denen Sie sich diejenigen aussuchen können, die auf Ihre spezielle Situation am besten passen. Die

Art und Weise, wie Sie vorgehen müssen, kennen Sie bereits aus den vorhergehenden Kapiteln. Wichtig ist, dass Sie immer ganz wach bleiben und spüren, ob nach einer Klopfsequenz eventuell eine neue Emotion auftaucht, die Sie dann wiederum nach der beschriebenen Methode neuerlich behandeln. Falls Ihnen eigene Heilende Sätze in den Sinn kommen: wunderbar! Dann beklopfen Sie selbstverständlich diese. Die Behandlung des Themas »Abtreibung« sollte dann unter Leitung eines/r erfahrenen MET-Therapeuten/-in erfolgen, wenn Sie eine unbewusste Abneigung verspüren, dieses Thema selbst zu beklopfen.

Heilende Sätze

Allgemein

- »Obwohl ich damals abgetrieben habe, liebe und akzeptiere ich mich so, wie ich bin.«
- »Obwohl ich damals diese vielen Schwangerschaftsabbrüche vorgenommen habe, liebe …«
- »Obwohl ich damals heimlich abgetrieben habe, liebe …«
- »Obwohl ich mich dafür bestrafe, damals abgetrieben zu haben, liebe …«

Heilende Sätze bei Schuldgefühlen

- »Obwohl ich diese Schuldgefühle habe, damals abgetrieben zu haben, liebe und akzeptiere ich mich so, wie ich bin.«

- »Obwohl ich Schuldgefühle meinen lebenden Kindern gegenüber habe, damals abgetrieben zu haben, liebe …«
- »Obwohl ich diese Schuldgefühle meinen Eltern gegenüber habe, damals abgetrieben zu haben, liebe …«
- »Obwohl ich diese Schuldgefühle meinem Mann (Freund, Partner) gegenüber habe, damals heimlich abgetrieben zu haben, liebe …«
- »Obwohl ich diese Schuldgefühle dem ungeborenen Kind gegenüber habe, es damals abgetrieben zu haben, liebe …«
- »Obwohl ich diese Schuldgefühle Gott gegenüber habe, damals abgetrieben zu haben, liebe …«
- »Obwohl ich diese Schuldgefühle der Kirche gegenüber habe, damals abgetrieben zu haben, liebe …«
- »Obwohl ich mir diese Abtreibungen nicht verzeihen kann, liebe …«

Heilende Sätze bei Scham

- »Obwohl ich diese Scham habe, damals abgetrieben zu haben, liebe und akzeptiere ich mich so, wie ich bin.«
- »Obwohl ich diese Schamgefühle dem Arzt gegenüber habe, der damals den Abbruch vorgenommen hatte, liebe …«

Heilende Sätze bei Ärger, Wut oder Hass

- »Obwohl ich diesen Ärger (Wut, Hass) auf mich habe, damals abgetrieben zu haben, liebe und akzeptiere ich mich so, wie ich bin.«

- »Obwohl ich diesen Ärger (Wut, Hass) auf meinen Mann (Freund, Partner) habe, dass er es zugelassen hat, dass ich damals abgetrieben habe, liebe …«
- »Obwohl ich diesen Ärger (Wut, Hass) auf den Arzt/die Ärztin habe, dass er/sie mir damals so wehgetan hat, liebe …«
- »Obwohl ich diesen Ärger (Wut, Hass) habe, dass ich damals so allein/hilflos war, liebe …«
- »Obwohl ich diesen Ärger (Wut, Hass) habe, dass mich damals niemand unterstützt hat, liebe …«
- »Obwohl ich diesen Ärger (Wut, Hass) auf Gott habe, dass er uns Frauen diese Bürde auferlegt hat, liebe …«
- »Obwohl ich diesen Ärger (Wut, Hass) auf die Männer habe, dass sie uns Frauen ungestraft schwängern können, liebe …«
- »Obwohl ich diesen Ärger (Wut, Hass) auf die Männer habe, dass sie immer ihren Spaß haben wollen und wir Frauen darunter leiden müssen, liebe …«

Heilende Sätze bei Trauer und Traurigkeit

- »Obwohl ich diese Trauer (Traurigkeit) habe, dass ich damals abgetrieben habe, liebe und akzeptiere ich mich so, wie ich bin.«
- »Obwohl ich diese Trauer (Traurigkeit) habe, dass ich mein Kind getötet habe, liebe …«
- »Obwohl ich diese Trauer (Traurigkeit) habe, mein Kind für immer verloren zu haben, liebe …«
- »Obwohl ich diese Trauer (Traurigkeit) habe, dass ich damals so schlecht mit mir umgegangen bin, liebe …«

- »Obwohl ich diese Trauer (Traurigkeit) habe, dass ich mir damals diese Verletzungen zugefügt habe, liebe …«
- »Obwohl ich diese Trauer (Traurigkeit) habe, dass ich meine Gebärmutter nicht geschützt habe, liebe …«
- »Obwohl ich diese Trauer (Traurigkeit) habe, dass ich meine Gebärmutter so misshandelt habe, liebe …«
- »Obwohl ich diese Trauer (Traurigkeit) habe, dass ich durch diese Abtreibung für immer unfruchtbar geworden bin, liebe …«
- »Obwohl ich diese Trauer (Traurigkeit) habe, dass ich wegen meiner Abtreibung niemals Mutter sein kann, liebe …«
- »Obwohl ich diese tiefe Trauer (Traurigkeit) habe, dass ich gegen das Gesetz des Lebens verstoßen habe, liebe …«
- »Obwohl ich diese tiefe Trauer (Traurigkeit) habe, dass ich gegen das sechste Gebot verstoßen habe, liebe …«
- »Obwohl ich diese tiefe Trauer (Traurigkeit) habe, dass ich mich gegen Gott versündigt habe, liebe …«

Heilende Sätze bei Angst

- »Obwohl ich diese Angst habe, dass ich für diese Abbrüche büßen muss, liebe und akzeptiere ich mich so, wie ich bin.«
- »Obwohl ich diese Angst vor Gottes Strafe habe, dass ich diese Abbrüche vorgenommen habe, liebe …«
- »Obwohl ich diese Angst habe, dass ich wieder schwanger werde, liebe …«

- »Obwohl ich diese Angst vor meiner sexuellen Begierde habe, durch die ich wieder schwanger werden kann, liebe …«
- »Obwohl ich diese Angst habe, dass es rauskommt, dass ich abgetrieben habe, liebe …«
- »Obwohl ich diese Angst habe, dass ich wegen dieser Abbrüche nicht wieder schwanger werden kann, liebe …«

Vergeben Sie sich selbst!

Um die Auflösung der Gefühle, die im Zusammenhang mit einer Abtreibung bei Ihnen aufgetreten sein können, noch zu bekräftigen, steht es Ihnen frei, jedem Ihrer Behandlungssätze noch einen Nachsatz hinzuzufügen. Zum Beispiel:

- »Obwohl ich damals abgetrieben habe, liebe und akzeptiere ich mich so, wie ich bin, *und vergebe mir alles, was ich damals dazu beigetragen habe, und ich vergebe auch allen Beteiligten das, was sie dazu beigetragen haben.*«

Schuldgefühle und Vergebung

Im voranstehenden Kapitel haben wir uns bereits mit den vier Grundemotionen befasst, die Ihren Heilungserfolg so lange torpedieren können, bis Sie sich ihnen stellen und sie mit MET auflösen.

Schuldgefühlen kommt in diesem Zusammenhang eine besondere Bedeutung zu, werden wir in unserem überwiegend christlich geprägten Kulturkreis doch von Geburt an mit diesem Thema konfrontiert. Die Kirche nennt es Erbsünde.

Mea maxima culpa?

Gemeint ist damit, dass jeder Mensch mit Schuld beladen auf die Welt kommt. Die wahre Bedeutung des »Sündenfalls« ist jedoch, dass wir Menschen uns entschieden haben, aus der Einheit (mit Gott) in die Polarität, die Erkenntnis, zu gehen. Diesen Vorgang hat die Kirche gleichgesetzt mit Sündenfall, mit sich schuldig machen. Und daher klopfen sich die Gläubigen in der Messe auch heute noch das »Meine Schuld, meine allergrößte Schuld« in die Thymusdrüse ein.

Dabei gehören Schuldgefühle zu den lebensfeindlichsten Empfindungen, die ein Mensch nur haben kann. Jegliche Kreativität, jegliche Freude am Leben,

Lust, Ekstase, Eigenständigkeit und Verantwortungsgefühle werden dadurch im Keim erstickt. Zufall oder Absicht? Im Zustand permanenter Reue, Selbstanklage oder Opferhaltung wird man auch leichter manipulierbar. Und gewaltbereiter: sich selbst und anderen gegenüber. Denn ständiges Schuldbewusstsein führt unweigerlich zu Ärger, Wut oder Hass, bereitet den Nährboden für seelische oder körperliche Störungen.

Gerade die Behandlung körperlicher Erkrankungen verweist immer wieder auf Angst und Schuldgefühle. Dabei kann sich dieses allzu wohl bekannte Schuldgefühl darauf beziehen, dass man diese bestimmte Krankheit überhaupt bekommen hat, oder aber auch auf die Überzeugung, sie durch ein bestimmtes Ereignis oder Verhalten (mit)verschuldet zu haben.

Klopfen, um zu verzeihen

Nach unserer Erfahrung besteht das eigentliche Problem mit Schuldgefühlen in der Unversöhnlichkeit sich selbst und anderen gegenüber. Denn diese führt zu unnötiger Verhärtung und letztlich dazu, dass sich der Patient quasi in verschiedene Bestandteile aufspaltet, die sich gegenseitig bekämpfen. Dann kann es dazu kommen, dass der vermeintlich »heilungswillige« Teil der Person einem anderen erbittert zubrüllt: »Hättest du mehr Sport getrieben, hättest du es jetzt nicht mit Durchblutungsstörungen zu tun.«

Im Ernst: In unserer Praxis stellen wir immer wieder fest, dass sich dramatische Verbesserungen im Gesundheits- und Allgemeinzustand einstellen, wenn ein Mensch durch Beklopfen mit MET seine Unversöhnlichkeit ablegt, sich vergibt und aus dem lähmenden Zustand der Schuldgefühle heraustritt. Auch körperliche Beschwerden und emotionale Leiden (beispielsweise Knieschmerzen, Rückenschmerzen, Ängste, Niedergeschlagenheit) können sich durch eine MET-Behandlung auflösen. Wir beide erinnern uns zum Beispiel noch gut an einen etwa vierzigjährigen Patienten, der unsere Praxis wegen Erektionsstörungen und allen möglichen Ängsten aufsuchte. (»Alle möglichen Ängste« ist kaum übertrieben: Der arme Mann litt nicht nur unter einer ausgeprägten Sozialphobie, sondern hatte auch speziell Angst vor Frauen, fürchtete sich davor, mit dem Auto auf unbekannten Straßen unterwegs zu sein, konnte im Dunkeln nicht allein sein …) Diese Ängste wurden in einer ersten Sitzung beklopft, was dazu führte, dass er sich schon wesentlich entspannter fühlte.

In dieser Behandlung wurde darüber hinaus bereits deutlich, dass der Patient einen sehr dominanten Vater hatte. In der nächsten Sitzung tauchte dieses Thema dann wieder auf. Auf die Frage nach seinen Gefühlen dem Vater gegenüber antwortete er, ihn würden Schuldgefühle plagen, dass er dessen Erwartungen nicht entsprochen habe. Natürlich entschieden wir uns dann, dieses Thema zu beklopfen. Danach sagte der Mann nur noch: »Ich fühle Frieden und Ruhe, Frieden und

Ruhe.« Auch auf wiederholte Nachfrage fand er keinen Zugang mehr zu seinen vorher so massiven Ängsten und Phobien.

Das ist kein Einzelfall. Ausnahmslos alle unsere Patienten erleben es als Befreiung, wenn sie ihr ständiges schlechtes Gewissen sich selbst und anderen gegenüber ablegen. Und das ist kein Wunder, können wir doch nur ohne diese Bürde glücklich sein und ein erfülltes Leben führen.

Vergebung in der Behandlung

Um den Erfolg Ihrer MET-Behandlung zu optimieren, ist es empfehlenswert, dass Sie die Problematik der Schuldgefühle auch dann einbeziehen, wenn Sie in Bezug auf das Thema, dem Sie sich widmen möchten, keinerlei schlechtes Gewissen empfinden. Aus unserer Praxis möchten wir Ihnen dafür fünf verschiedene Möglichkeiten anbieten. Schauen Sie, was Ihre Situation am besten trifft.

- Wenn Sie den Selbstvorwurf hegen, zu Ihrem Leiden, Problem oder einem bestimmten Ereignis etwas beigetragen zu haben, reiben Sie Ihren Heilenden Punkt und sprechen Sie dabei den folgenden Satz dreimal aus:
  - »Obwohl ich dieses *Leiden/Problem* habe, liebe und akzeptiere ich mich so, wie ich bin, und *vergebe mir alles, was ich dazu beigetragen habe/haben könnte, und vergebe auch allen anderen, was sie zu meinem Leiden/Problem beigetragen haben/haben könnten.*«

- Wenn Sie sich vorwerfen, in einer bestimmten Situation *nicht alles getan zu haben,* was notwendig gewesen wäre, um diese Situation zu verhindern, reiben Sie Ihren Heilenden Punkt und sprechen Sie dabei den folgenden Satz dreimal aus:
  - »Obwohl ich damals XY gemacht habe (die Situation XY nicht habe verhindern können), *vergebe ich mir. Ich weiß, ich habe getan, was ich konnte.*«
- Wenn Sie das Gefühl haben, dass Sie in einer bestimmten Situation *nicht haben anders handeln* können, reiben Sie Ihren Heilenden Punkt und sprechen Sie dabei den folgenden Satz dreimal aus:
  - »Obwohl ich dieses *Leiden/Problem* habe, liebe und akzeptiere ich mich so, wie ich bin, und *vergebe mir, denn ich weiß, dass ich damals nicht anders handeln konnte.*«
- Wenn Sie ein schlechtes Gewissen haben, weil Sie in einer bestimmten Situation nicht das *für Sie Mögliche getan* haben, reiben Sie Ihren Heilenden Punkt und sprechen Sie einen der folgenden beiden Sätze dreimal aus:
  - »Obwohl ich dieses *Leiden/Problem* habe, liebe und akzeptiere ich mich so, wie ich bin, und *vergebe mir, denn ich weiß, ich habe damals getan, was für mich möglich war.*« Oder:
  - »Obwohl ich diese *Schuldgefühle* wegen XY habe, liebe und akzeptiere ich mich so, wie ich bin, und *vergebe mir von ganzem Herzen, denn ich weiß/bin bereit zu erkennen, dass ich damals alles mir Mögliche getan habe.*«

- Wenn Sie damit hadern, in einer bestimmten Situation (etwa beruflich) eine bestimmte Wahl getroffen zu haben, reiben Sie Ihren Heilenden Punkt und sprechen Sie dabei folgenden Satz dreimal:
  - »Obwohl ich ein *schlechtes Gewissen* habe, damals diese Wahl getroffen zu haben, liebe und akzeptiere ich mich so, wie ich bin, und *vergebe mir, denn ich hatte damals keine andere Wahl.*«

Anmerkung: Wenn Sie feststellen, dass Sie einen dieser Vergebungssätze nicht aussprechen können oder einen Widerwillen dagegen verspüren, reiben Sie folgenden Satz in den Heilenden Punkt ein: »Obwohl ich mir nicht vergeben kann, was ich zu dieser Krankheit/diesem Problem beigetragen habe, liebe und akzeptiere ich mich so, wie ich bin.«

Daran schließt sich ein kompletter Klopfdurchgang an, den Sie mit einem der folgenden Behandlungssätze begleiten: »Ich kann mir nicht vergeben, dass ich XY getan habe.« Oder: »Meine Unversöhnlichkeit XY gegenüber.« Oder: »Mein Unvermögen, mir zu verzeihen, dass ich XY getan habe«. Oder »Ich kann mir nicht verzeihen«.

Innere Wunden heilen – die Welt heilen

Wer seine Schwingungsebene durch Beklopfen verändert, tut sich nicht nur selbst etwas Gutes, sondern nimmt auch Einfluss auf das Weltgeschehen, indem er positiv auf die globalen morphischen und morphogenetischen Felder einwirkt.

Kriegerische Auseinandersetzungen auf unserem Planeten, aber auch Gewalt in der Familie, Mobbing am Arbeitsplatz oder Streitigkeiten in der Nachbarschaft sprechen für das Vorhandensein globaler morphischer Felder, die Träger einer nicht unbeträchtlichen Ladung von Hass und Gewalt sind und mit denen Menschen, die sich in der entsprechenden Gemütslage befinden, in Resonanz treten. Wie anders wäre die besondere Attraktivität gewisser Fernsehsendungen zu erklären, was sonst zöge so viele Menschen zu den Grausamkeiten hin, die wir täglich in den Nachrichten und Reportagen über das Weltgeschehen konsumieren?

Dadurch jedoch, so unsere feste Überzeugung, werden die morphischen Felder Unversöhnlichkeit, Hass, Angst, um nur einige zu nennen, stets aufs Neue mit Energie versorgt und genährt. Weltweit tragen Millionen Menschen dazu bei, sie aufrechtzuerhalten.

Oder denken Sie an die Tageszeitungen und politischen Wochenmagazine, die täglich in Millionenauflage erscheinen. Manchmal hat man den Eindruck, sie bestünden zu neunzig Prozent aus negativen Nachrichten und Meldungen. Und sehr viel weniger sind es bestimmt nicht. Liegt da nicht die Frage nahe, ob nicht durch den ständigen Konsum publizierter Horrorszenarien neue negative, erschreckende oder entmutigende Ereignisse sogar erst hervorgerufen werden? Zweifellos erhalten die morphischen Felder von Gewalt, Tod und Zerstörung auf diese Weise immer neue Nahrung.

Auch Kampagnen *gegen* Hass, Krieg, Aids oder Arbeitslosigkeit bewirken letztlich nur, dass diese morphischen Felder verstärkt werden. Allein die intensive Fokussierung auf Tatbestände, die man gern anders hätte, trägt unseres Erachtens zu deren Erhalt, gar zu ihrer Bekräftigung bei. Hier wäre ein Umdenken auch in unserer politischen Streitkultur dringend wünschenswert.

Erinnern Sie sich noch an die Kampagnen gegen Fremdenfeindlichkeit? Besser und zielführender als Parolen wie »Stoppt den Ausländerhass« wären aus unserer Sicht auf dem Herzen getragene Buttons mit der Aufschrift »Für mehr Liebe«, denn wir gehen fest davon aus, dass eine solche positive, dem Mitbürger zugewandte Botschaft die morphischen Felder Solidarität, Frieden, Verständigung und Freundschaft stärkt.

Vergangenheitsbewältigung einmal ganz anders

In diesem Sinne wäre auch eine Veränderung der herrschenden »Vergangenheitsbewältigung« in Bezug auf die Gräueltaten des Dritten Reichs wünschenswert. Weit davon entfernt, sie leugnen oder herunterspielen zu wollen, tragen wir große Sorge, dass durch diese Art der Rückbesinnung die entsprechenden morphischen Felder nur unnötig neue Energie zugeführt bekommen. Das Entstehen immer neuer Gruppen von Neonazis bestärkt uns in dieser Auffassung.

Wir sollten dringend einen anderen, neuen Weg des Lernens aus der Vergangenheit finden. Dreh- und Angelpunkt dafür ist der Begriff der »Verantwortung«. Und mit der Übernahme der Verantwortung für all die Scheußlichkeiten, die zwischen 1933 und 1945 geschehen sind, hat der gegenwärtig herrschende Umgang mit der deutschen Geschichte dieser Jahre – auch und gerade in den Schulen – nun wahrhaftig nichts zu tun. Doch nur wer Verantwortung übernimmt, kann etwas wirklich verarbeiten. Das Gegenteil ist derzeit der Fall: Deutschland verharrt im energetisch niedrigen Zustand von Scham und Schuldgefühlen – in der gut gemeinten, aber irrigen Annahme, damit ähnliche Gräueltaten in Zukunft verhindern zu können.

Jeder ist seines Glückes Schmied

Mit morphischen Feldern, die eine weitere Stärkung nicht verdient haben, verbindet sich ein Großteil der

Bevölkerung gegenwärtig auch auf sozialpolitischem Gebiet. Gewiss, es steht mit unserer Wirtschaft im Moment tatsächlich nicht zum Besten. Doch welcher Sinn liegt darin, wenn sich alle Welt nur noch beklagt, nur noch Ängste schürt und wenn der Einzelne seinen Glauben an die eigene Kraft immer mehr verliert? Wird davon wirklich etwas besser? Jammern hilft nicht, sondern macht alles nur noch viel schlimmer. Könnte es nicht vielleicht sogar sein, dass potente Unternehmen, ohne dass sich die Verantwortlichen dessen bewusst sind, den Wirtschaftsstandort Deutschland nicht etwa verlassen, weil hier die Produktionsbedingungen so schlecht sind, sondern weil sich das Land auf einem niedrigen energetischen Niveau befindet, auf dem Niveau von Scham, Schuldgefühlen, Resignation und Angst? Wer könnte es ihnen verdenken. In anderen Staaten herrschen Aufbruchstimmung und Optimismus – ist ein solches höheres energetisches Niveau nicht tatsächlich bedeutend reizvoller?

Wichtig ist also, dass sich jeder von uns immer wieder vor Augen führt, welchen Einflüssen er sich aussetzt, und bewusst seine Wahl trifft.

Vergeben statt vergessen

Angefangen bei der Geburt erleidet jeder Mensch im Laufe seines Lebens eine Reihe von Traumata; ihm widerfahren Unfälle, Trennungen, schwere Enttäuschungen. Bei vielen ist die Verdrängung so groß, dass sie sich ihrer Verletzungen nicht einmal mehr bewusst sind.

Dass ein Trauma nicht aufgelöst ist, zeigt sich an den unangenehmen Gefühlen, die die Erinnerung daran mobilisiert: Trauer, Angst, Schuldgefühle, Scham. Um diese zu vermeiden, flüchten wir uns häufig in die Verdrängung. Doch je mehr wir – natürlich vergeblich – versuchen, unserer schmerzlichen Vergangenheit zu entfliehen, desto mehr gewinnt sie an Stärke und an Macht über den Menschen. Solange wir aber auf den unerlösten Ebenen der Trauer, des Ärgers, der Wut und der Schuld verharren, können wir den Menschen nicht verzeihen, die uns Wunden zugefügt haben, jedoch auch nicht uns selbst. Wer ständig der Vergangenheit verhaftet bleibt, ist nicht in der Lage, seine Bedürfnisse und Impulse in der Gegenwart wahrzunehmen, im Hier und Jetzt.

Was tun?

Jeder Mensch hat zu jedem Zeitpunkt die Möglichkeit, die Bewusstseinsebene, auf der er sich befindet, zu verlassen und sich für eine andere, energetisch höher stehende zu entscheiden. Wer dies tut, nimmt aktiv Einfluss auf das betreffende globale morphische Feld. Als einen bewährten Weg dieser auch über das Individuelle hinausgehenden Transformation empfehlen wir den Prozess »Innere Wunden heilen«, den wir Ihnen jetzt vorstellen möchten und den Sie jederzeit allein oder auch in der Gruppe durchführen können.

Durch Beklopfen mit MET können Sie Ihre alten, niedrigen Bewusstseinszustände (Scham, Schuldgefühle,

Resignation, Trauer, Angst, Wut) mehr und mehr verlassen und zunehmend höhere Bewusstseinszustände erreichen (Vertrauen, Vergebung, Liebe, Freude, Frieden).

Beklopfen der Vergangenheit

▪ Erster Schritt: Sie erstellen eine Liste aller negativen, unangenehmen Ereignisse, die Sie erinnern können. (In der Regel sind das etwa zwischen dreißig und einhundert.) Nehmen Sie sich hierfür genügend Zeit. Es darf durchaus mehrere Tage oder sogar Wochen dauern, bis Ihre Liste fertig ist.

Schreiben Sie alles auf, was Ihnen in den Sinn kommt, und mag es auch noch so unbedeutend scheinen. Allein die Tatsache, dass Sie sich daran erinnern, besagt, dass Sie noch Verbindung zu dem entsprechenden Ereignis haben. Beziehen Sie auch Informationen über Ereignisse ein, die Ihnen von Eltern oder anderen Personen berichtet wurden, die Ihnen persönlich aber vielleicht gar nicht mehr erinnerlich sind. Sie skizzieren jedes Ereignis mit einem Stichwort oder mit einem ganzen Satz, zum Beispiel:

▪ »Damals in der Küche hat mich mein Vater geschlagen.«

▪ »Ich habe Petras Lieblingspuppe versteckt.«

▪ »Ich wäre beinahe ausgerutscht und vor den Zug gefallen.«

▪ »In der dritten Klasse haben mich alle ausgelacht, als ich ein Gedicht aufgesagt habe.«

- »Frau Meier sagte mal zu mir, ich sei dumm.«
- »Damals habe ich mich so über meinen Chef geärgert.«
- »Als ich fünf war, lag ich ganz lange im Krankenhaus.«
- »Meine schreckliche Jugend.«
- »Meine schwierige Geburt.«

- Zweiter Schritt: Wenn Sie schon beim Aufschreiben das Bedürfnis haben, einige Themen sofort zu beklopfen, können Sie dies selbstverständlich tun. Anderenfalls schauen Sie sich jetzt Ihre Liste an und suchen sich die Probleme oder Themen heraus, die für Sie im Moment am meisten im Vordergrund stehen. Auf jedes einzelne wenden Sie MET wie im zweiten Kapitel beschrieben an, und zwar so lange, bis Sie entweder nur noch über das Problem lächeln können oder sich das Thema für Sie erledigt und seine Bedeutung verloren hat.

Sollte während einer Klopfsequenz ein neues Thema in den Vordergrund rücken, so wenden Sie sich unverzüglich diesem Thema zu. Wenn Sie also zum Beispiel den Ärger auf Ihren Exmann, der Sie verlassen hat, beklopfen und nach der ersten Sequenz feststellen, dass Sie nicht mehr sauer sind, sondern traurig, beklopfen Sie Ihre Traurigkeit.

Ein wichtiger Ratschlag noch: Auf Ihrer Liste zu bearbeitender Themen befinden sich möglicherweise auch welche, von denen Ihr Gefühl Ihnen sagt, dass Sie diese besser nicht allein beklopfen. Hierzu zählen speziell Traumata wie z. B. Vergewaltigung, sexueller Machtmissbrauch, Unfälle, Kriegserlebnisse, schwere körperliche Erkrankungen, schwere psychische Störungen. Zur Auflösung dieser Themenkomplexe empfehlen wir dringend, fachkundige Hilfe in Anspruch zu nehmen. Kompetente MET-Therapeuten, die von uns ausgebildet wurden, finden Sie auf unserer Webseite www.eafet.com.

Wir schlagen vor, pro Woche ein Thema zu beklopfen. Wenn Sie allerdings das Bedürfnis haben, mehr zu klopfen, steht dem überhaupt nichts im Wege. Die oberste Regel heißt immer: Achten Sie auf Ihre Gefühle, folgen Sie Ihren Impulsen.

Sollten Sie ein Ereignis nicht erinnern können, etwa einen längeren Krankenhausaufenthalt in allerfrühester Kindheit, dann beklopfen Sie zunächst den allgemeinen Behandlungssatz »Mein Krankenhausaufenthalt, als ich zwei Jahre alt war«. Auf diese Weise verbinden Sie sich zunächst einmal mit dem morphischen Feld dieses Ereignisses (»mein Krankenhausaufenthalt mit zwei Jahren«).

Anschließend, nachdem Sie diesen Satz beklopft haben, beklopfen Sie entweder die Gefühle, die jetzt auftauchen (Angst, Traurigkeit, Hoffnungslosigkeit, Einsamkeit oder dergleichen), oder Sie beklopfen die Gefühle, von denen Sie sich vorstellen, dass sie bei einem zweijährigen Kind mit hoher Wahrscheinlichkeit vorhanden waren (etwa »Meine Traurigkeit darüber, dass meine Mama nicht die ganze Zeit bei mir war«, »Meine

Angst, verlassen zu werden«, »Meine Angst vor den Ärzten«, »Mein Ärger auf meine Eltern, weil sie mich allein gelassen haben«). Nach einem derartigen Klopfdurchgang werden Sie spüren, dass Sie sich energetisch völlig anders fühlen.

Wenn Sie den Prozess »Innere Wunden heilen« durchführen, dürfen Sie jedoch auch noch mit anderen Wirkungen rechnen:

- Sie befinden sich zunehmend mehr in einem Zustand von innerer Freude und Frieden.
- Sie erreichen allmählich den Zustand von Ruhe und Gelassenheit.
- Ihre Atmung vertieft sich.
- Ihre beruflichen Leistungen verbessern sich.
- Sie werden selbstbewusster.
- Ängste, Schuldgefühle, Verzweiflung, Resignation und Ärger verabschieden sich vollständig aus Ihrem Leben.
- Ihr Gesundheitszustand verbessert sich.
- Sie gehen liebevoller mit sich und anderen um.
- Sie achten mehr darauf, was Sie essen, wie Sie essen, was Sie lesen, was Sie im Fernsehen sehen und mit welchen Menschen Sie sich umgeben.
- Mit anderen Worten: Über-leben wird zu Leben – und das ist sehr aufregend.

Um Ihnen bei der Erstellung Ihrer persönlichen Liste innerer Wunden zu helfen, haben wir einige mögliche Stichworte für Sie zusammengetragen: *Sämtliche Trau-*

mata (Krankenhausaufenthalte, Operationen, Geburt, Unfälle usw.), *Ärger/Wut/Hass* (auf Eltern, Verwandte, Kinder, Lehrer, Mitschüler), *Trauer/Kummer* (über Todesfälle, Trennungen, Scheidungen, erste Liebe usw.); *Schuldgefühle/Scham* (über Abtreibungen, Eltern gegenüber, Entscheidungen, Sexualität, Suizidversuche usw.).

MET für Fortgeschrittene: Affirmationen und Wahlmöglichkeiten

Nun, da Sie sich eingehend mit dem Ablauf einer MET-Behandlung vertraut gemacht haben, stellen wir Ihnen noch zwei Möglichkeiten vor, Ihre Heilungserfolge zu verstärken und Ihr Gesamtbefinden zu verbessern: Ergänzend können Sie zusätzlich zu den Behandlungssätzen, mit denen Sie arbeiten, positive Absichtserklärungen in Ihre Energiebahnen einklopfen und damit das entsprechende morphologische Feld stärken. Darüber hinaus möchten wir Ihnen erläutern, welche Wahlmöglichkeiten Sie haben, um die Prozesse, die Sie einleiten, genau in die von Ihnen gewünschte Richtung zu lenken.

Positiv denken – aber richtig!

Ohne Meridian-Energie-Techniken mussten schon viele Menschen die Erfahrung machen, dass sich die von ihnen ersehnten Veränderungen nicht einstellten, obwohl sie die Methoden des positiven Denkens konsequent anwendeten und auch die richtigen, für sie stimmigen Affirmationen in ihren Tagesablauf integrierten.

Dies liegt daran, dass es in uns allen oft Blockaden und Hindernisse verschiedener Art gibt, die sich bewussten Absichten wirkungsvoll entgegenstellen. Nehmen wir als Beispiel die Bewusstseinsebene der Angst:

Einem Menschen, den die Angst vor dem Erfolg beherrscht, nützt die Affirmation »Ich bin erfolgreich« gar nichts. Ebenso wenig, wenn ihm ein innerer »Saboteur« einflüstert, er habe es nicht verdient, erfolgreich zu sein.

Zuallererst müssen Sie sich also vergewissern, auf welcher Bewusstseinsebene Sie sich im Hinblick auf Ihre Absicht befinden. Haben Sie Angst, Schuldgefühle, Scham, bestimmte Überzeugungen, die sich mit Ihren Zielen »beißen«?

Erst wenn Sie die Angst, erfolgreich zu sein, um bei unserem Beispiel zu bleiben, anerkennen und in einem Heilenden Satz benennen (»Obwohl ich diese Angst habe, erfolgreich zu sein, liebe und akzeptiere ich mich so, wie ich bin«) und anschließend klopfen: »Meine Angst, erfolgreich zu sein« löst sie sich auf.

Danach kann die Affirmation greifen, denn jetzt befinden Sie sich auf einer neuen Bewusstseinsebene, welche höher schwingt als die der Angst.

Dies gilt ganz allgemein: *Erst wenn alle blockierenden und hemmenden Glaubenssätze, Überzeugungen und Emotionen mit MET aufgelöst wurden, können entsprechende Affirmationen wirken.*

Wenn Sie also mit Affirmationen leben möchten – und dies ist durchaus empfehlenswert –, müssen Sie sich zunächst in aller Aufrichtigkeit die Frage stellen, welche Anteile von Ihnen selbst etwas gegen diese positive Äußerung einzuwenden haben, und sehr genau auf die Antwort lauschen, die Sie erhalten.

Diese Widersacher – Emotionen, Glaubenssätze oder Überzeugungen – beklopfen Sie mit MET, bis sie auf null sind. Danach klopfen Sie auch die Affirmation, die Ihnen am Herzen liegt, in die Meridiane ein. So wirkt sie viel tiefer, da sie Ihr ganzes (Bewusst-)Sein durchdringt.

Affirmationen klopfen

Sie können Ihre Affirmationen in alle Meridianpunkte, die Sie aus der MET-Behandlung kennen, einklopfen oder auch nur in die Thymusdrüse.

Und natürlich haben wir auch wieder ein paar Formulierungsanregungen für Sie parat, die sich in der Praxis sehr bewähren. Vielleicht probieren Sie sie einfach mal aus. Doch wenn Sie andere haben, denen Sie den Vorzug geben, nur zu. (Weitere Vorschläge finden Sie auch bei John Diamond, *Die heilende Kraft der Emotionen*, S. 221).

- »Ich bin demütig.«
- »Ich bin tolerant.«
- »Ich bin glücklich.«
- »Ich bin fröhlich.«
- »Ich bin voller Liebe und Dankbarkeit.«
- »Ich vertraue auf die Zukunft.«
- »Ich fühle mich sicher.«
- »Ich fühle mich sexuell sicher.«
- »Meine sexuellen Kräfte sind im Gleichgewicht.«
- »Ich bin es wert, geliebt zu werden.«

- »Ich bin großzügig.«
- »Ich liebe, ich verzeihe, ich bin versöhnlich gestimmt.«
- »Ich bin zufrieden.«
- »Ich bin gelassen.«
- »Alles ist gut.«
- »Ich bin mit mir selbst im Frieden.«
- »Ich bin voller Freude.«
- »Ich bin friedvoll.«
- »Ich bin ausgeglichen.«
- »Ich bin im Gleichgewicht.«
- »Ich bin in Sicherheit.«
- »Ich lasse leicht und mühelos das Alte gehen und heiße das Neue in meinem Leben willkommen.«
- »Ich bin leicht und beschwingt.«
- »Ich bin hoffnungsfroh.«
- »Ich lasse die alten Begrenzungen hinter mir.«

Setzen Sie ruhig noch einen drauf!

In der MET-Behandlung kommt dem geistig-sprachlichen Part die Aufgabe zu, den Bogen zwischen zwei Befindlichkeitszuständen zu spannen, die wir, wie wiederholt gesagt, als Bewusstseinsebenen bezeichnen.

Sehr schnell erreichen Sie ein energetisch hoch schwingendes Feld, wenn Sie den *Seinszustand* benennen, den Sie im gegebenen Moment erreichen wollen, etwa: »Ich bin glücklich.« »Ich bin friedlich gestimmt.« »Ich bin erfolgreich.« Denselben Effekt erzielen Sie, indem Sie sich eine *Handlungsanweisung* geben: »Ich blicke vertrauensvoll in die Zukunft.« »Ich lasse diesen Ärger für immer los, weil es mir dann besser geht.«

Und wissen Sie was? Das lässt sich sogar noch überbieten. Mit den acht Buchstaben der Worte »Ich wähle«, die Sie Ihrer Aussage voranstellen. Was damit gemeint ist, werden Sie sofort verstehen, wenn Sie spaßeshalber die folgenden Sätze einmal laut und voller Überzeugung aussprechen:

- »Ich bin erfolgreich.« – »Ich wähle, erfolgreich zu sein!«
- »Ich bin glücklich.« – »Ich wähle, glücklich zu sein.«
- »Ich kann mit diesem Schmerz kreativ umgehen.« – Ich wähle, mit diesem Schmerz kreativ umzugehen.«

Spüren Sie den Unterschied?
Merken Sie, wie sich innerlich Ihre Schultern heben, wie Sie den Kopf aufrichten und das Herz öffnen? Fühlen Sie, dass es Spaß macht, wenn Sie Ihr Leben in die Hand nehmen und Ihre Wahl treffen? Der Zusatz »Ich wähle« verstärkt Ihre Aussage. Das ist der ganze Trick. Und er funktioniert!

Sagen Sie es: »Ich wähle, mich dafür zu respektieren, dass …« – »Ich wähle, voller Vertrauen in die Zukunft zu blicken.«

Wählen – gewusst, wie

(Von fern ein Gruß an Pat Carrington, deren Handbuch mit dem Titel *Choices* wir einige Anregungen für diesen Abschnitt zu verdanken haben.)

Wir sind überzeugt, dass Sie selbst schon viele Ideen haben, Ihre Wahlmöglichkeiten zu formulieren. Lassen Sie uns trotzdem noch kurz sagen, worauf es bei der Formulierung im Wesentlichen ankommt:

Ihre Aussage muss *positiv* sein: also bitte keine Verneinungen.

Ihre Aussage muss *präzise* sein: »Obwohl ich so wenig Geld verdiene, liebe und akzeptiere ich mich so wie ich bin, und wähle, im Monat € 5 000 zu verdienen.«

Ihre Aussage kann gar nicht *phantasievoll* genug sein. Möglichst enthält sie auch *griffige Eigenschaftswörter*: angenehm, befriedigend, erfreulich, genial, sicher, unerwartet, beglückend, traumhaft, erfüllend, bereichernd. Ihrem Einfallsreichtum sind an dieser Stelle keinerlei Grenzen gesetzt.

Wie Sie dann weiter vorgehen, möchten wir Ihnen anhand des Beispiels »Angst, frei zu sprechen« illustrieren.

- Sie benennen Ihr Problem (Ihre Angst, frei zu sprechen).
- Sie entscheiden sich für eine Wahlmöglichkeit, zum Beispiel: Ich wähle, voller Freude frei und beschwingt sprechen zu können.
- Atemgleichgewichtsübung.
- Klopfen der Thymusdrüse mit dem Satz: »Ich liebe und glaube, vertraue, bin dankbar und mutig« (fünf- bis siebenmal).
- Sie bilden Ihren Heilenden Satz: »Obwohl ich Angst habe, frei zu sprechen, liebe und akzeptiere ich mich so,

wie ich bin, und wähle, frei und beschwingt sprechen zu können.« Diesen sprechen Sie dreimal aus und reiben sich dabei Ihren Heilenden Punkt.

- Mit dem Behandlungssatz »Meine Angst, frei zu sprechen« absolvieren Sie dann wie gehabt einen Klopfdurchgang mit allen 14 Punkten.
- Handrückenserie.
- Im Anschluss beklopfen Sie jeden Punkt noch einzeln mit dem Satz: »Ich wähle, voller Freude frei und beschwingt mitreißend sprechen zu können« (Ihrer Wahlaffirmation).
- Handrückenserie.

Sollte sich Ihr Problem, also die Angst vor der freien Rede, nach dem Massieren des Heilenden Punktes schon gelöst haben, können Sie auf den Klopfdurchgang mit Ihrem Behandlungssatz verzichten und sich darauf beschränken, Ihre Wahlaffirmation in die Behandlungspunkte einzuklopfen.

Vorschläge für verschiedene Themenbereiche

Bei Schmerzen

- »Obwohl ich diesen Schmerz habe, wähle ich, mit diesem Schmerz Freundschaft zu schließen.«
- »... wähle ich, mich mit diesem Schmerz zu versöhnen.«
- »... wähle ich, meinen Ärger auf diesen Schmerz loszulassen.«

- »… wähle ich, meinen Kampf gegen diesen Schmerz loszulassen.«
- »… wähle ich, mit meinem Schmerz Frieden zu schließen.«
- »… wähle ich zu wissen, dass ich mehr bin als meine Schmerzen.«
- »… wähle ich zu wissen, dass dieser Schmerz vorübergehen wird.«
- »… wähle ich, mit diesen Schmerzen liebevoll umzugehen.«
- »… wähle ich, mich selbst zu überraschen, wie ich den Schmerz selbst heilen kann.«
- »… wähle ich, durch diesen Schmerz eine unerwartete Stärke in mir selbst zu finden.«

Nach Unfällen oder Verletzungen

- »… wähle ich, mir zu verzeihen, dass ich diesen Unfall verursacht habe.«
- »… wähle ich, die Dinge, die ich tun kann, zu genießen.«
- »… wähle ich, darauf zu vertrauen, dass mein Körper sich selbst heilen kann.«
- »… wähle ich, dass ich meinen Körper leicht und vollständig heilen kann.«
- »… wähle ich, überraschend schnell gesund zu sein.«
- »… wähle ich, jeden Tag etwas Wundervolles zu erleben.«
- »… wähle ich, dankbar für mein Leben zu sein.«

- »… wähle ich, kreativ darin zu sein, Möglichkeiten zu finden, mich selbst von meinen Schmerzen zu befreien.«
- »… wähle ich, für jeden Tag der Besserung dankbar zu sein.«

Ihre Ursprungsfamilie

- »Obwohl meine Eltern/Mutter/Vater mich nie richtig wahrgenommen haben/hat, weil sie das nicht konnten, wähle ich, mein richtiges Ich zu kennen, zu akzeptieren und zu lieben.«
- »Obwohl meine Mutter/Vater mich abgelehnt hat, liebe und akzeptiere ich mich so, wie ich bin, und wähle, mich von meinen Eltern angenommen zu fühlen.«
- »Obwohl meine Eltern mich eigentlich gar nicht haben wollten, liebe …, und wähle, trotzdem auf dieser Welt willkommen zu sein.«
- »Obwohl meine Eltern mich eigentlich abtreiben wollten, liebe …, und wähle, mich dennoch auf dieser Welt willkommen zu fühlen.«
- »Obwohl mein Vater eigentlich einen Jungen haben wollte, liebe …, und wähle, meinem Vater dafür zu verzeihen und ein Recht zu haben, als Frau auf dieser Welt zu sein.«
- »Obwohl meine Eltern niemals mein wahres Ich richtig gesehen haben, liebe …, und wähle, mich meinen Eltern nahe zu fühlen, weil sie dasselbe Problem hatten.«
- »Obwohl mein Vater mich nie akzeptiert hat und ich immer noch seine Anerkennung haben möchte, liebe …,

und wähle, die Vergangenheit loszulassen und mir diese Anerkennung selbst zu geben.«

- »Obwohl meine Eltern mich so schlecht behandelt haben, wähle ich, Ihnen zu vergeben und zu verstehen, warum sie (Vater/Mutter) so gehandelt haben.«

Sexueller Machtmissbrauch

- »Obwohl ich denke, dass es mein Fehler, meine Schuld war, wähle ich zu wissen, dass es niemals der Fehler, die Schuld eines Kindes ist, wenn es missbraucht wird.«
- »Obwohl er/sie sagt, dass es mein Fehler war, wähle ich zu wissen, dass es niemals der Fehler eines Kindes ist, wenn es missbraucht wird.«
- »Obwohl ich anscheinend zugestimmt habe, wähle ich zu wissen, dass es nicht mein Fehler war.«

Partnerschaft

- »Obwohl ich mich manchmal nicht traue, meinem Partner auch mal nein zu sagen, weil ich Angst habe, dass er mich dann nicht mehr liebt, liebe und akzeptiere ich mich so, wie ich bin, und wähle, ab sofort gut für mich zu sorgen.«
- »Obwohl mein Partner mich nicht liebt, wähle ich, mich von meinem Partner geliebt zu fühlen.«
- »Obwohl mein Partner mich nicht liebt, wähle ich, es wert zu sein, von meinem Partner geliebt zu werden.«
- »Obwohl ich mich nie gegenüber meinem Partner abgrenzen kann, liebe und akzeptiere ich mich so, wie

ich bin, und wähle meinem Impuls (meinem Herzen) zu folgen und auch einmal nein zu sagen.«

Selbstbewusstsein

- »Obwohl ich mich nicht traue, meinem Chef nein zu sagen, wähle ich, freundlich, aber bestimmt aufzutreten.«
- »Obwohl ich kein Selbstvertrauen habe, liebe und akzeptiere ich mich so, wie ich bin, und wähle, ab sofort mir selbst voll und ganz zu vertrauen.«
- »Obwohl ich kein Selbstbewusstsein habe, liebe ..., und wähle, ab sofort mir meiner selbst bewusst zu sein.«
- »Obwohl ich kein Selbstbewusstsein habe, liebe ..., und wähle, mir ab sofort meines göttlichen Selbsts bewusst zu werden.«

Zur Verbesserung Ihres Wohlbefindens

- »... wähle ich, ruhig und voller Vertrauen zu sein.«
- »... wähle ich, mich in jeder Situation zu akzeptieren/mich zuversichtlich zu fühlen, egal was passiert.«
- »... wähle ich, eine kreative Lösung des Problems zu finden.«
- »... wähle ich, mich zu erinnern, wie einfallsreich/kreativ/effektiv ich sein kann.«

In unseren Seminaren und Behandlungen konnten wir immer wieder beobachten, dass Wahlaffirmationen extrem kraftvoll sind. Warum das so ist? Unseres Erachtens, weil Sie ganz bewusst und aktiv eine bestimmte Bewusstseinsebene auswählen, mit welcher Sie sich verbinden möchten. Sie treffen Ihre Wahl, geben Ihr Ziel an. Sie nehmen deutlich und eigenverantwortlich das Ruder in die Hand.

MET mit Kindern

Immer wieder suchen mich Eltern mit ihren Kindern in unserer Praxis auf. So zum Beispiel auch einmal eine Mutter mit ihrem sechsjährigen Sohn, der seit einem halben Jahr jede Nacht ins Bett machte. Auf der Suche nach Hilfe war die Mutter schon von Pontius zu Pilatus gelaufen. Keine Therapie schlug an.

Mir war bewusst, dass Bettnässen immer mit belastenden Gefühlen, oft Angst und Trauer, zu tun hat. Als die beiden nun in die Praxis kamen, kümmerte ich mich zunächst nicht um den Jungen. Stattdessen bat ich die Mutter, mir doch einmal zu erzählen, wie es *ihr* damit ginge, jede Nacht aufstehen zu müssen, um seine Bettwäsche und den Schlafanzug zu wechseln.

Sie war erstaunt, dass ich mich nicht sofort ihrem Sohn zuwandte, gab jedoch zu, dass sie sich von der Situation ziemlich genervt fühle. Gleichzeitig aber sei sie auch traurig und richtiggehend verzweifelt. Obwohl es sie ganz offensichtlich verwirrte, als ich ihr vorschlug, diese Themen bei ihr zu beklopfen, ließ sie sich darauf ein. Nach mehreren Klopfdurchgängen waren ihr Ärger, ihre Verzweiflung und ihre Trauer auf null. Währenddessen entspannte sich der Junge, der die ganze Zeit im Hintergrund saß, zusehends mehr. In der folgenden Woche machte er nachts kein einziges Mal ins Bett.

Als er danach jedoch wieder anfing einzunässen, bat ich die ganze Familie gemeinsam in die Praxis. Beim vereinbarten Termin stellte sich bald heraus, dass es um die Ehe der Eltern nicht zum Besten stand und dass sie mit dem Gedanken spielten, sich scheiden zu lassen. Auf diese belastende Situation reagierte der Sohn mit Einnässen. Jetzt hätten die Eltern die Chance gehabt, im Grunde sogar die Pflicht, sich dieser Herausforderung zu stellen und an ihren ehelichen Konflikten zu arbeiten. Wie es jedoch leider so häufig der Fall ist, verschlossen sie die Augen vor ihrer Verantwortung und ließen sich nicht von der Überzeugung abbringen, dass bei ihrem Kind etwas nicht in Ordnung war.

Die Familie – ein kleiner Kosmos

Mit allen ihren Angehörigen stellt jede Familie ein eigenes, in sich geschlossenes System dar. Kommt es in diesem System aufgrund von Auseinandersetzungen zwischen den Eltern, durch Scheidung oder andere schwer wiegende Probleme zu Störungen, sind es in aller Regel zuerst die Kinder, bei denen Reaktionen zu bemerken sind: Sie erkranken oder legen Verhaltensauffälligkeiten an den Tag.

Wer krank ist, zieht Liebe, Aufmerksamkeit, Geborgenheit, Zuwendung und Mitgefühl auf sich. Ein Kind, das Gesundheit verweigert, weist darauf hin, was ihm fehlt, und holt es sich. Damit zugleich konfrontiert es die Eltern mit einem bei den Erwachsenen selbst nicht geheilten Aspekt.

Energetisch spiegelt sich in den Kindern alles, was sich zwischen Mutter und Vater abspielt, wobei es keine Rolle spielt, ob Sohn oder Tochter über Art und Inhalt der Konflikte informiert sind. Energetisch reagieren sie unmittelbar.

Indem sie den Erwachsenen also immer wieder den Spiegel vorhalten, alles sichtbar machen, was bei den Eltern noch nicht geheilt oder aufgelöst ist, machen uns unsere Kinder mithin ein unermesslich großes Geschenk. Wir müssen es nur zu schätzen wissen.

Der eigentlich weise Teil einer Familie sind also nicht die Erwachsenen, sondern die Kinder. Lassen Sie mich dafür noch ein Beispiel erzählen.

Mutter und Kind – eine energetische Einheit

Eine Mutter berichtete, dass ihre achtjährige Tochter in der Schule gemobbt werde. Besuche beim Schulleiter und der Klassenlehrerin mit dem Ziel, Abhilfe zu schaffen und die »Übeltäter« zu bestrafen, brachten nur mäßigen Erfolg. Im intensiven Gespräch mit der Mutter stellte sich – für mich nicht überraschend – heraus, dass auch sie mit acht Jahren von ihren Mitschülern gemobbt worden war. Wir widmeten uns diesem für sie traumatischen Erlebnis, das noch immer nicht aufgelöst war, in mehreren Klopfdurchgängen. Und was geschah: Umgehend verbesserte sich auch bei ihrer Tochter die schulische Situation.

Schon Babys reagieren auf ungelöste Emotionen ihrer Mütter. In einem unserer Seminare war einmal die Mama eines Zwillingspärchens. Der Junge wäre bei der Geburt um ein Haar gestorben. Unwillkürlich gab sie der Tochter die Schuld an diesem bedrohlichen perinatalen Zwischenfall, empfand dem kleinen Mädchen gegenüber Hass und konnte es kaum anschauen. Das wiederum führte bei der Mutter zu massiven Schuldgefühlen.

Das inzwischen sechs Monate alte Mädchen litt seit seiner Geburt an extremer Verstopfung.

Im Seminar wurden die Schuldgefühle der Mutter erfolgreich beklopft. Mit ihrem schlechten Gewissen verschwanden auch die Aggressionen und anderen belastenden Emotionen, die sie für ihre Tochter hegte. Sie waren aufgelöst und die Mutter empfand großen Frieden. Als sie später nach Hause kam, hatte das kleine Mädchen zum ersten Mal ohne Probleme in die Windel gemacht. Mit den Schuldgefühlen der Mutter hatten sich auch die Verdauungsprobleme ihrer Tochter gelöst. Das war kein Zufall: Energetisch haben Schuldgefühle ihren Sitz im Dickdarm. Und so zeigt dieses Beispiel nicht nur sehr schön, dass sich durch erfolgreiches Beklopfen unangenehmer Gefühle bei der Mutter auch Krankheitssymptome bei ihrem Kind beheben lassen. Es macht darüber hinaus auch deutlich, in welch hohem Maße Mutter und Kind energetisch miteinander verbunden sind. Fast eine Einheit.

Kinder – ein kostbarer Schatz

Bei seiner Geburt befindet sich jeder Mensch normalerweise auf einem sehr hohen energetischen Niveau, auf der Ebene von Liebe, Freude, Frieden. Wächst das Kind in einer warmen Atmosphäre auf, in der Geborgenheit, Zuneigung und Friedfertigkeit herrschen, kann es sich gesund entwickeln. Herrschen dagegen niedrig schwingende Bewusstseinsebenen vor wie etwa Angst, Ärger, Schuldgefühle, Hass, wird es krank.

Die Aufgabe der Eltern besteht dann darin, zu ihren eigenen Ursprüngen zurückzukehren und sich wieder auf energetisch höhere Bewusstseinsebenen einzustimmen, indem sie ihre negativen, zerstörerischen Emotionen auflösen.

Nach der in unserem Kulturkreis herrschenden Meinung kommt jeder Mensch als unbeschriebenes Blatt auf die Welt. Der Erziehungsprozess besteht folgerichtig darin, das Kind wie eine Computerfestplatte zu formatieren und mit Programmen zu bespielen, um es überlebensfähig zu machen.

Wir halten diese Auffassung für falsch. Unseres Erachtens – und mit dieser Meinung stehen wir nicht allein – hat jedes Neugeborene bereits verschiedene Leben hinter sich und bringt daher viel Wissen und Vermögen auf die Welt mit, wenn es den Geburtskanal verlässt. Dazu gehört etwa die Fähigkeit, Auren, Chakren, aber auch Engel oder Feen zu sehen und mit ihnen zu kommunizieren, Kontakt zum persönlichen geistigen Führer und Schutzengel aufzunehmen, hellhören, hellsehen, hellfühlen und dergleichen mehr. Nur in den seltensten Fällen jedoch sind die Eltern bereit und fähig, diese Fähigkeiten, die sehr hoch entwickelt sein können, bei ihren kleinen Kindern wahrzunehmen, und das nicht von ungefähr.

Als sie selbst klein waren, verfügten auch die Erwachsenen noch über ein solches Vermögen. Doch es wurde nicht gefördert, und so fiel es dem Vergessen anheim. Wenn sie dann Kinder bekommen, sind ihnen derartige »übersinnliche« Fähigkeiten unheimlich, und sie bekommen Angst, ihr Sohn oder ihre Tochter könne nicht normal sein. Um sie zu braven Schülern und später zu angepassten Bürgern zu machen, werden dann lieber Medikamente verabreicht, um die Kinder ruhig zu stellen, statt ihnen richtig zuzuhören oder zu schauen, was an ihrem Umfeld zu wünschen übrig lässt.

Da sich die Erwachsenen – Eltern, Schule, Gesellschaft – auf einer weit niedrigeren Bewusstseinsebene befinden, verkümmert das gewaltige Potenzial unserer Kinder im Allgemeinen schon in den ersten Lebensjahren. Zwänge und Bestrafungen tun ein Übriges. Nur in seltenen Glücksfällen geraten die kleinen Menschen an Eltern oder Lehrer, die erkennen, was in ihnen steckt, und sie entsprechend fördern. Dies ist immer dann der Fall, wenn die Erwachsenen Kinder angstfrei als Quell von Weisheit und Wissen akzeptieren können.

Doch in der Regel ist es genau umgekehrt: Aus Liebe zu ihren Eltern schrauben sich die Kinder auf deren niedrigere Bewusstseinsebene zurück – leider allzu oft um den Preis von Trauer, Depression und Resignation.

Die Situation in der Schule ist kaum besser als im Elternhaus. Auch im traditionellen Bildungssystem werden das hohe Wissen und die schöpferischen Impulse der Kinder nicht wahrgenommen, geschweige denn gefördert. Statt Phantasie herrscht auch im 21. Jahrhundert noch der Nürnberger Trichter: Was zählt, ist die Aneignung fremden Wissens, Auswendiglernen und Wiedergeben. Die Kreativität der Schüler gerät dagegen vollkommen aus dem Blickwinkel.

Wie überheblich Erwachsene doch sein können! Statt zu begreifen, dass sie einiges von (ihren) Kindern lernen könnten, halten sie an der Überzeugung fest, sie hätten die Weisheit mit Löffeln gefressen, und tun alles, was in ihrer Macht steht – und das ist eine ganze Menge –, um die Kinder auf ihre Ebene herabzuzwingen. Dabei bedeutet die Ebene der Erwachsenen derzeit kaum anderes als Krieg, Zerstörung der Umwelt, Vergiftung der Lebensmittel, permanente Angst.

Anders herum wird ein Schuh daraus: Die Erwachsenen sollten endlich anfangen, sich auf die Ebene der Kinder einzuschwingen. Was hat es denn für einen Sinn, ihnen in der Schule beizubringen, wer wen wann totgeschlagen hat und wer welchen Krieg gegen wen führte, um sein Territorium zu erweitern? Doch offensichtlich nur den, eines klarzustellen: So funktioniert die Welt und so wird es auch bleiben. Für die Bewusstseinsebene der Kinder, für Liebe, Vertrauen, Vergebung, Freude, Kreativität und Intuition, mithin die Errichtung einer neuen Welt ist im beschränkten

Schwingungskosmos der Erwachsenen derzeit noch kein Platz. Wie schade!

Aber jede neue Generation bietet die Chance, das Bewusstsein einer Gesellschaft zu erhöhen und damit das der gesamten Menschheit. Nach Jahrzehnten und Jahrhunderten schwarzer Pädagogik ist es höchste Zeit, dass wir (unsere) Kinder als das zu sehen beginnen, was sie sind: weise, göttliche Menschen. Nicht nur in ihrem, sondern auch im ganz eigenen Interesse sollten wir sie auch so behandeln. Fangen wir also an, mehr auf unsere Kinder und Jugendlichen zu hören, und nehmen endlich die Gelegenheit eines Regenerationsprozesses und einer echten Veränderung aller Ebenen unserer Gesellschaft wahr.

Folgen für die therapeutische Praxis

Wer sich für diese Sichtweise entscheidet – und wie wir gesehen haben, sprechen gute Gründe dafür –, betrachtet Kinder mit völlig anderen Augen. Voller Demut wird man sich bewusst, dass uns die kleinen Menschen dabei unterstützen, belastende Emotionen aufzulösen und eine höhere Bewusstseinsebene zu erreichen. Wenn wir es nur zulassen.

Beispiel Angst: Kinder sind furchtlos und unerschrocken. Sie kommen in der Regel nur mit zwei Ängsten auf die Welt: Sie haben Angst zu fallen und fürchten sich vor lauten Geräuschen. Alles andere ist anerzogen.

Ein verschüchtertes, ängstliches Kind spiegelt also lediglich die in der Familie vorherrschende Bewusstseinsebene der Angst wider, die sich in Warnungen und Befehlen ausdrückt wie etwa: »Pass auf, dass du nicht hinfällst!«, »Pass auf, dass du dich nicht schneidest!«, »Pass auf, dass du dich nicht schmutzig machst!«, »Fall da nicht runter!«, »Fall nicht hin!«. Sätze dieser Art machen deutlich, wie hoch der Angstpegel bei der Mutter und/oder beim Vater ist. Das Kind tut nichts anderes, als sich der Bewusstseinsebene seiner Eltern anzupassen. Sind die Eltern dann in der Lage, das Verhalten ihres Kindes als Seismograph zu nutzen, haben sie die große Chance, sich ihrer eigenen Ängste bewusst zu werden.

Beispiel Traurigkeit und Zorn: Es kommt vor, dass ein Elternteil ärgerlich auf das Kind ist, weil es immer tut und lässt, worauf es gerade Lust hat. Wenn Vater oder Mutter dann etwas genauer hinschaut, stellt sich häufig heraus, dass er/sie als Kind nie machen durfte, wonach ihm/ihr der Sinn stand. Die Traurigkeit und der Zorn, die sich daraus ergaben, sind bis in die Gegenwart nicht aufgelöst worden.

Wenn ich jedoch als Vater oder Mutter dieses Thema bei mir selbst nicht aufgelöst habe, werde ich nur schwer zulassen können, dass mein Kind nach seinen eigenen Bedürfnissen und Impulsen lebt. Es wird mir zur Projektionsfläche meiner eigenen unverarbeiteten Traurigkeit und meines ohnmächtigen Zorns.

Dann kann es zu Konflikten zum Beispiel bei der Berufswahl kommen. Ein Vater wäre etwa für sein Leben gern Arzt geworden, sein Wunsch hat sich, aus welchen Gründen auch immer, nicht erfüllt; er schlug stattdessen die Beamtenlaufbahn ein. Nun aber tut er alles, um aus seinem Sohn einen promovierten Mediziner zu machen. Der Junge soll werden, was dem Vater versagt blieb. Diesem geht es primär nicht um den Sohn, sondern um sich selbst: Er versucht auf diesem Wege, seine eigene Wunde zu heilen.

Sofern man die Bereitschaft dazu aufbringt, kann man anhand seiner Kinder also wie mit einem Lackmustest letztlich bis ins hohe Alter herausfinden, ob noch eigene Wunden zu heilen sind. Ausgangspunkt sind dabei immer die Emotionen gegenüber den Söhnen und/ oder Töchtern.

Gibt es etwas an ihnen, das uns wütend oder traurig macht? Möchten wir sie »retten«? Haben wir Angst, dass aus ihnen »nichts wird«? Möchten wir ihnen Vorschriften machen? Haben wir Schuldgefühle ihnen gegenüber? Möchten wir sie festhalten oder zu etwas zwingen? Machen wir sie für etwas verantwortlich? Machen wir ihnen Vorwürfe? Haben unsere Kinder den Kontakt zu uns abgebrochen?

Wenn wir die Chance wahrnehmen, die Wunden unserer eigenen Kindheit aufzuspüren, können wir sie mithilfe der Meridian-Energie-Techniken auch heilen.

Behandlungsgrundsätze für Eltern

Aufgrund der engen energetischen Verbindung zwischen Kindern und ihren Eltern lautet die erste Regel für die Behandlung junger Menschen durch ihren

Vater oder ihre Mutter: Immer zuerst bei sich selbst beginnen!

Das bedeutet: Zeigt ein Kind eine besondere Symptomatik, schaue ich erst bei mir, welche Gefühle dadurch ausgelöst werden. Bin ich wütend auf meine Tochter, bin ich traurig, dass mein Sohn krank ist? Habe ich Schuldgefühle meinem Kind gegenüber? Oder Angst, dass ihm etwas Schlimmes passiert?

Erst wenn die Emotionen beim behandelnden Elternteil durch MET vollständig aufgelöst sind, das Kind aber immer noch Symptome zeigt, kann damit begonnen werden, das Kind zu behandeln. Wenn es dies gern möchte, darf es sich natürlich auch schon selbst beklopfen.

Hier einige beispielhafte Heilende Sätze für die vorbereitende Eigenbehandlung durch Mutter oder Vater:

- »Obwohl ich über (Name des Kindes) so genervt bin, liebe und akzeptiere ich mich so, wie ich bin.«

Bei einer *generellen Ablehnung* des Kindes, Thema ungewolltes Kind:

- »Obwohl ich (Name des Kindes) nie gewollt habe, liebe …«.

Thema *allein erziehender Elternteil*; bei Überforderung mit der Erziehungssituation:

- »Obwohl mir manchmal die Erziehung von (Name des Kindes) zu viel wird, liebe …«

- »Obwohl ich mich mit der Erziehung von (Name des Kindes) manchmal überfordert fühle, liebe …«,
- »Obwohl ich meinem Kind gegenüber Schuldgefühle habe, dass es in nicht in einer heilen Familie groß wird, liebe …«
- »Obwohl ich so sauer bin auf den Vater, dass er mich mit dem Kind allein gelassen hat, liebe …«.
- »Obwohl ich manchmal so verzweifelt bin über meine Situation, liebe …«

Bei *Projektion der eigenen Unzufriedenheit* oder des eigenen ungelebten Lebens auf das Kind:

- »Obwohl ich mit meinem Leben so unzufrieden bin, liebe …«
- »Obwohl ich das Gefühl habe, mein Leben nicht richtig gelebt zu haben, liebe …«.
- »Obwohl ich neidisch auf mein Kind bin, dass es unter so tollen Verhältnissen groß wird, liebe …«
- »Obwohl ich neidisch bin, dass mein Kind noch sein ganzes Leben vor sich hat, liebe …«
- »Obwohl ich neidisch bin, dass es meinem Kind besser geht als mir, liebe …«

Blockierende Glaubenssätze gegenüber Kindern

Bevor wir die Behandlung von Kindern mit MET erläutern, möchten wir Sie noch mit zwei Arbeitsschritten vertraut machen, die die Eltern jeder für sich oder gegenseitig durchführen können. Es geht dabei zunächst um die Auflösung blockierender Glaubenssätze und Gefühle, wie wir Erwachsenen sie häufig gegenüber Kindern haben. Im zweiten Schritt wenden wir uns dann der Heilung Ihres inneren Kindes zu.

Als Erstes schreiben Sie sich alle Emotionen auf, die während der Lektüre dieses Kapitels bei Ihnen hochgekommen sind. Haben unsere Ausführungen Ärger oder Trauer ausgelöst? Haben Sie Schuldgefühle oder Angst bekommen? Schämen Sie sich oder sind Sie wütend? Hat das Gelesene Sie empört?

Dann können Sie beginnen, alle Gefühle, die Sie sich notiert haben, mithilfe von MET aufzulösen.

Danach gehen Sie in sich und spüren genau nach, welche Gefühle, Überzeugungen und Glaubenssätze Sie in Bezug auf Kinder haben. Diese könnten in etwa so lauten:

- »Kinder sind dumm.«
- »Kinder müssen von den Erwachsenen lernen.«
- »Kinder bringen mir nichts.«
- »Was Hänschen nicht lernt, lernt Hans nimmermehr.«
- »Kleinkinder sind Nervensägen.«
- »Kinder sind dafür da, ihren Eltern zu dienen.«
- »Kinder sind generell unvernünftig.«
- »Kinder kennen keine Grenzen.«
- »Kinder wissen nicht, was gut für sie ist.«
- »Kinder behindern meine persönliche und/oder berufliche Entwicklung.«

- »Kinder können immer nur nehmen. Nie bekommt man etwas von ihnen zurück.«
- »Kinder in diese schreckliche Welt zu setzen, ist einfach unverantwortlich.«
- »Kinder sind weniger wert als Erwachsene.«
- »Meine Kinder sind meine Altersversorgung.«
- »Meine Kinder gehören mir, sie sind mein Besitz.«
- »Ich kann mit meinen Kindern machen, was ich will.«
- »Ich kann meine Kinder erziehen, wie ich will.«
- »Eine Tracht Prügel hat noch keinem geschadet.«
- »Kinder sind zur Befriedigung meiner Bedürfnisse da.«
- »Kinder haben zu gehorchen.«
- »Kinder müssen artig sein.«
- »Wenn Erwachsene sich unterhalten, müssen Kinder still sein.«
- »Früh krümmt sich, was ein Haken werden will.«
- Bei Kinderlosigkeit: »Ich habe es nicht verdient, Kinder zu bekommen.«

Nach folgendem Muster bilden Sie dann Ihre Heilenden Sätze:

- »Obwohl ich glaube, dass Kinder dumm auf die Welt kommen, liebe und akzeptiere ich mich so, wie ich bin.«
- Behandlungssatz: »Mein Glaube, dass Kinder dumm auf die Welt kommen.«

Bilden Sie entsprechend den Heilenden und den jeweiligen Behandlungssatz für alle Ihre Glaubenssätze.

Gehen Sie auch folgenden Fragen nach, die Ihre Gefühle zu eigenen und fremden Kindern betreffen:

- Habe ich Angst davor, Kinder zu bekommen?
- Machen mich (meine) Kinder nervös oder ärgerlich?
- Habe ich Angst vor (meinen) Kindern?
- Habe ich Angst vor der Verantwortung, Kinder zu erziehen?
- Fühle ich mich in Konkurrenz zu (meinen) Kindern?
- Bin ich eifersüchtig auf (meine) Kinder?
- Hasse ich (meine) Kinder?
- Habe ich Schuldgefühle (meinen) Kindern gegenüber? Und so weiter.

Ihr inneres Kind heilen

Auch Sie waren einmal ein Kind. Und energetisch bleiben alle Lebensphasen, die wir durchlaufen, in uns lebendig. So auch die Zeit im Mutterleib, die Geburt, das Babyalter und die verschiedenen Stadien der Kindheit.

Deshalb wenden Sie sich jetzt Ihrer eigenen Kindheit zu. Für Ihr persönliches Glück, besonders aber, um ein unbelastetes, freies Verhältnis zu Ihrem Nachwuchs aufbauen zu können, ist es wichtig, dass Sie alle unverarbeiteten Situationen und Gefühle Ihrer frühen Kindheit und Jugend heilen.

Zu diesem Zweck haben wir einen kleinen Fragenkatalog für Sie zusammengestellt. Lassen Sie die Fragen auf sich wirken und leiten Sie im Anschluss aus Ihren Antworten die Heilenden beziehungsweise Behandlungssätze ab. Dabei tauchen möglicherweise weitere Emotionen auf. Auch diese sollten Sie auflösend beklopfen.

Sollten Sie also zum Beispiel feststellen, dass bei dem Satz »Ich bin nie gestillt worden« Trauer hochkommt, so beklopfen Sie die Trauer. Macht sich Ärger bemerkbar, beklopfen Sie anschließend den Ärger: »Meine Trauer, dass ich nie gestillt worden bin.« – »Mein Ärger, dass meine Mutter mich nie gestillt hat.«

Vorgeburtlich

- Bin ich ein Wunschkind oder ein so genannter Betriebsunfall?
- Hätte ich vielleicht abgetrieben werden sollen?
- Bin ich ein Kriegskind?
- Unter welchen Umständen bin ich gezeugt worden (etwa aufgrund einer Vergewaltigung, im Alkohol- oder Drogenrausch)?
- Wie war meine Geburt (Kaiserschnitt, Zangengeburt, Saugglocke, Nabelschnur um den Hals, Steißlage)?
- Habe ich meiner Mutter bei der Geburt viele Schmerzen bereitet?
- War ich eine Frühgeburt?
- War ich über die Zeit/übertragen?

Beispiel für einen Heilenden und Behandlungssatz:

- »Obwohl ich meiner Mutter bei der Geburt viele Schmerzen bereitet habe, liebe und akzeptiere ich mich so, wie ich bin.« Möglicher Zusatz: »… und vergebe mir alles, was ich dazu beigetragen habe.«
- Behandlungssatz: »Ich habe meiner Mutter bei der Geburt große Schmerzen bereitet.« – »Obwohl ich kein Wunschkind war, liebe … Möglicher Zusatz: »… und wähle, trotzdem ein Recht zu haben, auf dieser Welt zu sein.«

Säuglingszeit

- War ich ein Flaschenkind oder wurde ich gestillt?
- Wer zog mich groß: meine Mutter, meine Oma oder meine Stiefmutter?
- Starb meine Mutter kurz nach meiner Geburt?
- Ließ man mich stundenlang schreien, ohne dass sich jemand um meine Bedürfnisse kümmerte?

Beispiel für einen Heilenden und Behandlungssatz:

- »Obwohl ich von meiner Mutter nie gestillt wurde, liebe und akzeptiere ich mich so, wie ich bin.«
- Behandlungssatz: »Ich wurde nie von meiner Mutter gestillt.«

Kleinkind

- Musste ich immer zu bestimmten Zeiten aufs Töpfchen?
- Haben mich meine Eltern geschlagen?

- Habe ich was auf die Finger oder auf den Po gekriegt?
- Wurde ich zur Strafe im Keller eingesperrt?
- Haben sich meine Eltern um mich gekümmert, oder war ich viel allein?
- Wurde ich sexuell missbraucht? Und so weiter.

Beispiel für einen Heilenden und Behandlungssatz:

- »Obwohl mich meine Eltern (oft, manchmal, immer) geschlagen haben, liebe und akzeptiere ich mich so, wie ich bin.«
- Behandlungssatz: »Meine Eltern haben mich immer geschlagen.«

Schulzeit

- Bekam ich Stubenarrest?
- Durfte ich anziehen, was ich wollte?
- Bekam ich oft zu hören: Das kannst du nicht?
- Bekam ich oft zu hören: Das lernst du nie?
- Bekam ich oft zu hören, ich sei ein dummes, ungeschicktes Kind?
- Wurde mir gesagt, dafür sei ich zu doof/zu klein?
- Musste ich schweigen, wenn sich die Erwachsenen unterhielten?
- Haben meine Eltern mir zugehört, wenn ich ihnen etwas erzählte?
- Bin ich für meine Aktivitäten gelobt worden?
- Wurde ich geschlagen, misshandelt, missbraucht?
- Wurden meine Grenzen respektiert?

- Wurde ich von meiner Mutter/meinem Vater beschützt?
- Wurde ich zu bestimmten Sachen gezwungen?
- Wurde ich mit meinen Wünschen respektiert?
- Musste ich die gebrauchten Kleider meiner Geschwister tragen?
- Hatte ich mein eigenes Zimmer?
- Bekam ich genug zu essen?
- Haben meine Eltern in meinem Beisein mit anderen über mich geredet?
- Bin ich von meinen Eltern gedemütigt und beschämt worden? Hatte ich als Kind Fähigkeiten, über die sich meine Eltern lustig gemacht haben?
- Haben mich meine Eltern für schlechte Noten bestraft? Und so weiter.

Beispiel für einen Heilenden und Behandlungssatz:

- »Obwohl mich meine Eltern für schlechte Noten bestraft haben, liebe und akzeptiere ich mich so, wie ich bin.«
- Behandlungssatz: »Meine Eltern haben mich für schlechte Noten bestraft.«

Wenn Sie Ihre Gefühle und Glaubenssätze über Kinder aufgelöst und auch die Wunden Ihrer eigenen Kindheit geheilt haben, wird sich plötzlich auch Ihr Verhältnis zu anderen Erwachsenen, zu Kindern, aber auch zu sich selbst positiv verändern.

MET-Behandlung bei Säuglingen, Kleinkindern, Kindern und Jugendlichen[1]

Nachdem Sie Ihre eigenen Gefühle beklopft und aufgelöst haben, steht der Behandlung Ihrer Kinder nichts mehr im Wege.

Wir gehen davon aus, dass Ihr Kind mit der Behandlung einverstanden ist, denn wir haben die Erfahrung gemacht: Je mehr sich die Eltern beklopfen, desto eher äußern auch die Kinder den Wunsch, in den Genuss einer MET-Behandlung zu kommen. Von einem gewissen Alter an möchten sie sich dann meistens gern auch selbst beklopfen.

Da sich Kinder auf einer relativ hohen Bewusstseinsebene befinden und für unsere Klopftechniken sehr empfänglich sind, genügt in der Regel sogar eine verkürzte Version der MET-Behandlung.

Klopfen der Thymusdrüse

Da bei Säuglingen und Kleinkindern im Allgemeinen die Thymusdrüse noch voll ausgebildet und aktiv ist, kann darauf verzichtet werden, sie eigens zu beklopfen. Zudem hat es aufgrund der engen energetischen Verbindung zu den Eltern auch Einfluss auf den Säugling und das Kleinkind, wenn die Erwachsenen ihre Thymusdrüse regelmäßig in die Behandlung einbeziehen. Kin-

---

1 Einige der folgenden Anregungen zur Behandlung von Kindern haben wir den Büchern von Lambrou und Pratt und Lynne Namka entnommen (s. Literatur).

der ab etwa sieben Jahren und Jugendliche können die Thymusdrüse zum Beispiel mit folgenden positiven Aussagen leicht beklopfen:

- »Ich bin toll.«
- »Ich bin mutig.«
- »Ich habe Vertrauen in meine Kraft.«
- »Ich glaube an mich.«
- »Ich schaffe das.«
- »Ich habe Phantasie.«

(Die letzte Formulierung ist besonders empfehlenswert, weil bei sehr vielen Kindern aufgrund übermäßigen Konsums von Fernsehen und Computerspielen die eigene schöpferische Phantasie erlahmt.)

Wenn das Kind oder der Jugendliche eigene Ideen hat, dürfen sie natürlich auch diese einsetzen.

Positivaussagen (Affirmationen) dieser Art kann das Kind/der Jugendliche auch unabhängig von dem Thema maximal einmal pro Tag in die Thymusdrüse einklopfen, wenn es seinem Wunsch entspricht.

Einschätzen des Belastungswertes

Da Kinder bis zum Alter von etwa sieben Jahren mit der Skala von 0 bis 10, die bei Erwachsenen zur Anwendung kommt, noch nichts anfangen können, gibt es bei ihnen drei andere Möglichkeiten, den Belastungswert zu ermitteln:

- Man zeigt dem Kind Gesichter von lachend bis weinend (siehe Abbildung S. 138).

- Das Kind soll mit ausgestreckten Händen anzeigen, wie groß sein Problem ist. Hände eng zusammen = Problem ist aufgelöst, also auf null; Hände ganz weit auseinander = Problem ist auf 10.
- Das Kind zeigt mit der Hand ausgehend vom Fußboden an, wie hoch sein Problem ist. Fußboden bedeutet null, ausgestreckter Arm in Größe des Kindes bedeutet 10.

Behandlung von Säuglingen und Kleinkindern bis etwa vier Jahre

Bei Säuglingen und Kleinkindern – Sie nehmen sie zur Behandlung am besten auf den Schoß – reicht eine altersgemäße Variante des ersten Heilenden Satzes in der Regel vollkommen aus. Mutter oder Vater beklopft lediglich den Handkantenpunkt des Kindes und spricht dabei den Heilenden Satz dreimal aus, wie zum Beispiel:

- »Auch wenn du jetzt diese Schmerzen hast, liebe ich dich so, wie du bist.«
- »Auch wenn du dich jetzt so krank fühlst, liebe ich dich so, wie du bist.«

Anschließend beklopfen Sie ganz sanft die Behandlungspunkte 1 bis 7. Sollte nicht bereits das Beklopfen des Handkantenpunktes den Säugling/das Kleinkind beruhigt oder besänftigt haben, verbessert sich die Symptomatik mit großer Sicherheit nach dem Beklopfen der ersten drei Punkte.

Falls Ihr Kind auf irgendeine Weise signalisiert, dass es nicht berührt werden möchte, müssen Sie diesen Wunsch in jedem Fall respektieren und die Behandlung unterbrechen oder ganz beenden. In diesem Fall können Sie eine Methode anwenden, die wir »Stellvertreterklopfen« nennen. Damit können Sie Ihrem Kind helfen, auch ohne es anzufassen.

Stellvertreterklopfen

Bis zum Alter von ungefähr vier Jahren stellen Eltern energetisch eine Einheit mit ihrem Kind dar. Deshalb ist stellvertretendes Klopfen nicht nur möglich, sondern auch wirksam.

Dafür tun Sie so, als seien Sie Ihr Kind. Praktisch schlüpfen Sie in seine Haut und sagen bei sich: »Ich bin jetzt … (Name des Kindes).« Weiter geht es wie folgt:

- Angenommen, Ihr Kind heißt Maria, sprechen Sie folgenden Heilenden Satz dreimal aus und reiben dabei Ihren Heilenden Punkt: »Obwohl ich, Maria, diese Bauchschmerzen haben, liebe und akzeptiere ich mich so, wie ich bin.«
- Anschließend beklopfen Sie wie in der Selbstbehandlung die 14 Behandlungspunkte und sprechen bei jedem Punkt den Behandlungssatz »meine Bauchschmerzen« aus.
- Anschließend Handrückenserie.
- Nach dieser so genannten Stellvertreterbehandlung sagen Sie sich dreimal laut und deutlich, dass Sie jetzt wieder Sie selbst sind (»Ich bin…«) und beklopfen dabei Ihre Thymusdrüse.

Bei der zweiten Variante des Stellvertreterklopfens gehen Sie folgendermaßen vor:

- Heilenden Satz dreimal sprechen und dabei Ihren Heilenden Punkt reiben: »Obwohl Maria diese Bauchschmerzen hat, liebe und akzeptiere ich Maria von ganzem Herzen.«
- Anschließend beklopfen Sie sich selbst mit dem Behandlungssatz »Marias Bauchschmerzen«.

Diese Technik wenden Sie so lange an, bis sich bei Ihrem Kind eine deutliche Besserung bemerkbar macht.

Auch größere Kinder können noch stellvertretend beklopft werden, vorausgesetzt, sie sind damit einverstanden. Ab dem siebten oder achten Lebensjahr allerdings wäre spätestens anzustreben, dass sie sich selbst beklopfen, um ihre Selbstverantwortung zu stärken. Ab dem elften oder zwölften Lebensjahr ist von einer stellvertretenden Behandlung gänzlich abzuraten, um die Intimsphäre der Jugendlichen zu wahren.

Kinder ab circa fünf Jahren

Kinder ab etwa fünf Jahren klopfen den Handkantenpunkt und wiederholen den Heilenden Satz dabei dreimal. Die Formulierung sollte sich an der Sprache der Kinder orientieren.

Beispiele

- »Obwohl ich … habe/bin, finde ich, dass ich ein ganz tolles Kind (Junge, Mädchen) bin.«
- »Obwohl ich dieses Problem XY habe, akzeptiere ich mich voll und ganz.«
- »Obwohl mich XY nicht mag, finde ich, dass ich ein voll krasser (cooler, geiler) Typ bin.«
- »Obwohl ich immer so unruhig bin, bin ich ein super Junge.«
- »Obwohl ich keine Lust habe, mein Zimmer in Ordnung zu halten, bin ich ein tolles Mädchen.«
- »Obwohl ich schlechte Laune habe, finde ich mich trotzdem cool.«

- »Obwohl ich eine schlechte Arbeit geschrieben habe, bin ich so o. k., wie ich bin.«
- »Obwohl ich ein schlechtes Gewissen habe, weil ich etwas Schlimmes getan habe, akzeptiere ich mich.«
- »Obwohl ich ärgerlich werde über kleine Dinge, bin ich ein toller Typ.«
- »Obwohl ich so traurig bin, mag ich mich so, wie ich bin.«
- »Obwohl ich diese schlechte Angewohnheit habe, bin ich ein cooles Mädchen.«
- »Obwohl ich Schuldgefühle habe, wähle ich, lieb zu mir zu sein.«
- »Obwohl ich XY nicht geschafft habe, werde ich es weiter versuchen.«
- »Obwohl ich traurig bin, dass meine Freundin jetzt mit einer anderen spielt, werde ich darüber wegkommen.«
- »Obwohl ich mich schlecht und übel gelaunt fühle, wird es vorübergehen.«
- »Obwohl ich über den Lehrer total genervt bin, werde ich trotzdem ganz ruhig sein.«
- »Obwohl ich Angst habe wegen der Klassenarbeit, werde ich ganz gelassen sein.«
- »Obwohl ich Angst habe, die Klassenarbeit nicht zu schaffen, werde ich mein Bestes geben.«
- »Obwohl ich glaube, in der Situation zu versagen, kann ich gut damit umgehen.«
- »Obwohl ich dieses schreckliche Problem habe, kann ich damit leben.«

- »Obwohl ich manchmal schlechte Gedanken habe, mag ich mich.«
- »Obwohl ich mir Vorwürfe wegen XY mache, habe ich getan, was ich konnte.«
- »Obwohl ich todunglücklich bin, weil …, wähle ich glücklich zu sein.«
- »Obwohl ich meiner Mama Kummer bereitet habe, mag meine Mama mich trotzdem.«
- »Obwohl ich sitzen geblieben bin, liebt mich mein Vater trotzdem.«
- »Obwohl ich oft über meine Grenzen gehe, passe ich gut auf mich auf.«
- »Obwohl andere Kinder mich blöd finden, gibt es mich nur einmal auf der Welt.«
- »Obwohl ich das Gefühl habe, nichts wert zu sein, bin ich einmalig.«
- »Obwohl ich mir das nicht zutraue, höre ich auf, mich klein zu machen.«
- »Obwohl ich diese Fähigkeit XY habe, von der die anderen nichts wissen dürfen, akzeptiere ich, anders zu sein als die anderen.«
- »Obwohl ich diese dicken Beine habe, bin ich ein schönes Kind.«
- »Obwohl ich gestohlen habe, liebt meine Mama mich.«
- »Obwohl ich immer nachts ins Bett mache, bin ich ein gutes Kind.«
- »Obwohl ich manchmal nicht gut mit mir umgehe, bin ich toll.«

- »Obwohl ich es hasse, diese Dinge zu tun, weiß ich, dass ich mein Bestes gebe.«

Manchmal ist es hilfreich, die Kinder zu fragen, welches Gefühl sie jetzt lieber hätten. Dieses kann dann in den Heilenden Satz eingebaut werden: »Obwohl ich todunglücklich bin, weil …, wähle ich, jetzt glücklich zu sein.«

Übergewicht

Das Thema »Übergewicht« spielt in unserer Gesellschaft eine gewichtige Rolle. In schöner Regelmäßigkeit werden neue Diäten auf den Markt gebracht, speziell für Frauen, aber auch für Männer und zunehmend sogar für Kinder.

Doch wir kennen auch alle den so genannten Jo-Jo-Effekt, wissen, dass Diäten in der Regel nur einen vorübergehenden Erfolg zeitigen. Eine kurzfristige Veränderung des Essverhaltens kann das Problem der Fettleibigkeit aller Erfahrung nach nicht ernsthaft lösen. Doch was verbirgt sich eigentlich hinter übermäßiger Kalorienaufnahme und ungesunder Ernährung? Warum wird die so genannte erste Welt immer fetter? Wir sehen die Ursache in fünf Faktoren:

- Art und Weise der Nahrungsaufnahme
- Belastende Lebenssituationen
- Glaubenssätze zum Thema »Essen und Körper«
- Emotionen zum eigenen Essverhalten und Übergewicht
- Traumen aus der Kindheit (sexueller Machtmissbrauch, körperliche Gewalt).

Art und Weise der Nahrungsaufnahme

Wichtiger als Art der Ernährung und Anzahl der Kalorien scheint uns zu sein, dass dem Vorgang der Nahrungsaufnahme als solchem zu wenig Aufmerksamkeit geschenkt wird. Kaum jemand konzentriert sich auf das, was er tut, wenn er isst: auf die Transformation von Nahrungsmitteln, die Überführung von Festem in Flüssiges.

Wir alle kennen das doch: Während des Essens sind wir in Eile, reden, gucken fern, wälzen Probleme und nehmen, wenn's hochkommt, gerade noch wahr, wie das aussieht, was wir uns in den Mund stecken. Aber wie es schmeckt? Wie es sich auf der Zunge anfühlt? Nein, selten sind wir so ganz bei der Sache. Und so werden aus Mahlzeiten Schlingzeiten. Essen – ein notwendiges Übel.

Verzehr ist ein Zerstörungsakt, ein aggressiver Vorgang. Ohne Zerstörung von Nahrungsmitteln, gründliches Kauen und Zermahlen, kann der Körper die Vitalstoffe, die er benötigt, nur schwer aufnehmen.

So liegen uns denn Würstchen und Kartoffeln, Sauerkraut und Broccoli wie ein Stein im Magen. Die Folge: Nie fühlen wir uns richtig satt und genährt. Die Stoffwechselprozesse werden behindert, überzählige Kalorien gespeichert und als Fett an den Hüften (oder wo auch immer) abgelagert. Im Umkehrschluss bedeutet das, je mehr wir Bewusstheit in den Essensvorgang bringen und unsere Nahrung vollständig zerstören und zerkleinern, sprich: zu einem flüssigen Brei machen, desto eher kann auch vom Körper ein Sättigungsgefühl signalisiert werden, was verhindert, dass wir weiterhin unnötig Kalorien in uns reinschaufeln.

Es stellt sich die Frage, wieso die meisten Menschen auf die eben beschriebene Art und Weise essen. Die Art des Essens vieler Erwachsener ähnelt der eines Säuglings. Mit dem »Anklammerungsbiss« (F. Perls) dockt der Säugling an der Mutterbrust an und lässt die flüssige Nahrung passiv in sich hineinfließen. Zähne hat und braucht er noch nicht. In dieser Periode seines Lebens ist der Mensch auf Aggressivität noch nicht angewiesen, um genährt zu werden. Erst mit den Milchzähnen wird das Kind eigenverantwortlicher und selbstständiger. Dann kann es aktiv verändernd auf seine Umwelt einwirken und auch Nahrung zerstören, um am Leben zu bleiben. Erwachsene, die so unbewusst essen, wie es in unserer Fastfoodkultur die Regel ist, sind im Grunde auf der Bewusstseinsebene von Säuglingen stehen geblieben. Sie sind immer noch nicht in der Lage, auf eine gesunde Art und Weise aggressiv mit ihrer Umwelt in Kontakt zu treten und selbst zu entscheiden, was sie schlucken wollen und was nicht.

Wer so lebt, schluckt vieles, auch ohne es auf Bekömmlichkeit zu testen: Meinungen und Überzeugungen anderer zum Beispiel, die unverdaut schwer im Bauch liegen. (Man spricht in diesem Zusammenhang auch von »Introjekten«.)

Dies dürfen Sie durchaus als Einladung verstehen, mit MET den Magen aufzuräumen: Denn je mehr Sie sich von alten, unverdauten Gedanken- und Gefühlsinhalten befreien, die nicht die Ihren sind, desto leichter werden Sie sich fühlen und desto befreiter werden Sie sein. Specken Sie also ab, und verabschieden Sie sich von Introjekten, den unverdauten, Ihnen übergestülpten Glaubenssätzen, Überzeugungen und Meinungen anderer.

MET statt Diät

Richten Sie beim Essen zunächst Ihre gesamte Wahrnehmungsfähigkeit und alle Aufmerksamkeit auf den Vorgang der Nahrungsaufnahme, um mithilfe der Meridian-Energie-Techniken im nächsten Schritt alles aufzulösen, was Ihnen »aufgestoßen« ist.

Dabei kann es hilfreich sein, wenn Sie sich Fragen stellen wie diese:

- Schlingen Sie das Essen hinunter?

  - Heilender Satz: »Obwohl ich so schlinge, liebe und akzeptiere ich mich so, wie ich bin.«

  - Behandlungssatz: Ich schlinge das Essen herunter.«

- Kauen Sie Nahrungsmittel so lange, bis sie flüssig geworden sind?

  - Heilender Satz: »Obwohl ich meine Nahrung nicht richtig zerkaue, liebe ...«

  - Behandlungssatz: »Ich zerkaue meine Nahrung nicht richtig.«

- Verspüren Sie den unwiderstehlichen Drang, noch nicht vollständig zerkaute Nahrung herunterzuschlucken?
- Beschäftigen Sie sich bei den Mahlzeiten mit anderen Dingen? (Zeitung/Buch lesen, Fernsehen, Kino, Radio hören, telefonieren, unterhalten Sie sich, chatten Sie im Internet, beschäftigen Sie sich mit geschäftlichen Angelegenheiten?)
- Ist das Essen für Sie Ritual oder notwendiges Übel?
- Essen Sie im Gehen oder beim Autofahren?
- Knabbern Sie zwischendurch?
- Führen Sie während der Mahlzeit Gespräche über wichtige Themen?
- Sind Sie mit voller Konzentration beim Essen?
- Spüren Sie die Nahrung zwischen Ihren Zähnen?
- Nehmen Sie den Vorgang des Schluckens wahr?
- Bemerken Sie Geschmacksveränderungen, während Sie kauen?
- Gehen Sie beim Essen Tagträumen nach?
- Haben Sie eine Abneigung gegen feste Nahrung (Rohkost, Schwarzbrot, Nüsse)?
- Bevorzugen Sie Weißbrot oder breiige/flüssige Nahrung?
- Halten Sie Aggressionen für etwas Schlechtes?

Wie Sie künftig kraftvoll zubeißen

Wenn Sie diese letzte Frage mit »Ja« beantworten, fällt es Ihnen vermutlich auch schwer, ordentlich zuzubeißen und Ihr Essen gründlich zu kauen.

In diesem Fall – und für alle, die, wie die meisten, zu hastig essen – lautet der zentrale Heilende Satz: »Obwohl ich glaube, dass Aggressionen etwas Schlechtes sind, liebe und akzeptiere ich mich so, wie ich bin, und wähle, Essen als lustvollen Akt der Zerstörung zu sehen und das Kauen und Zerstören von Nahrung zu genießen.« Und der Behandlungssatz: »Meine Überzeugung, dass Aggressionen etwas Schlechtes sind.«

Ihren zweiten Klopfdurchgang verbinden Sie mit den Worten: »Ich wähle, Essen als einen lustvollen Akt der Zerstörung zu sehen und das Kauen und Zerstören von Nahrung zu genießen.«

Mit Sicherheit werden viele Gefühle hochkommen, wenn Sie erst einmal beginnen, aufmerksamer und bewusster zu essen. Vielleicht empfinden Sie ein Gefühl von Ärger, werden traurig oder erinnern sich an Ereignisse aus Ihrer Kindheit, die Ihnen heute noch auf den Magen schlagen. In diesem Falle müssen Sie jedes einzelne Gefühl, jede Erinnerung klopfen.

Belastende Lebenssituationen

Essen kann, wie so vieles sonst, zur Sucht werden, und Abhängigkeit stellt sich schleichend ein. Zugrunde liegen in den allermeisten Fällen ungelöste belastende Emotionen, insbesondere Angst. Essen tröstet und beruhigt. Und dass heutzutage so viele Kinder übergewichtig sind, scheint auch darauf hinzudeuten, dass sie versuchen, mit Pommes frites, Mars & Co. ihre Angst im Zaum zu halten.

Und Essen, Süßes zumal, ist tatsächlich eine Lust, verschafft orale Befriedigung, erinnert an die Süße des Fruchtwassers und die Geborgenheit der Mutterbrust, den Zustand vollkommener Angstlosigkeit. Später essen wir allzu häufig, um unsere Furcht zu betäuben und Impulse zu unterdrücken.

Wer kennt das nicht: In Lebenssituationen, die uns belasten, neigen wir dazu, Trauer, Kummer, Frust oder Ärger mit Essen (insbesondere Süßigkeiten) auszugleichen. Haben wir nicht wenigstens dieses bisschen Trost verdient? Ein wenig Spaß, Lust und Freude – wenn das Leben schon sonst so trübe scheint? Wir haben es nicht anders gelernt.

Dem Frust zum Trotz

Wenn Sie auch zu den »Frustessern« gehören, haben wir hier einige Heilende Sätze für Sie, die auf lange Sicht bedeutend tröstlicher wirken und auch der Figur zuträglicher sind als Schokolade. Die entsprechenden Behandlungssätze können Sie jetzt bestimmt schon selbst ableiten.

- »Obwohl ich so gefrustet bin über meine Ehe, liebe und akzeptiere ich mich so, wie ich bin.«
- »Obwohl ich so allein bin, liebe …«
- »Obwohl ich mich so einsam fühle, liebe …«
- »Obwohl ich sexuell frustriert bin, liebe …«
- »Obwohl ich so wütend auf XY bin, liebe …«

- »Obwohl ich so unzufrieden mit meiner beruflichen Situation bin, liebe …«
- »Obwohl ich diese Existenzängste habe, liebe …«
- »Obwohl ich diese Angst vor … habe, liebe …«
- »Obwohl ich diese Schuldgefühle wegen XY habe, liebe …«
- »Obwohl ich diese großen finanziellen Sorgen habe, liebe …«

Glaubenssätze zum Thema »Essen und Übergewicht«

Auch was das Essen betrifft, hat jeder sein inneres Programm. Die Glaubenssätze, die dem Menschen innewohnen, stammen meistens schon aus der Kindheit, resultieren aus Erlebnissen und Erfahrungen in der Ursprungsfamilie oder ergeben sich aus Äußerungen von Eltern, Großeltern, Erzieherinnen und anderen Bezugspersonen. Und die Crux: Du bist, was du isst – du wirst, was du glaubst. Das ist das Fatale an den Glaubenssätzen und Überzeugungen, die so tief in uns verwurzelt sind. Doch Befreiung ist möglich.

Macht macht dick

Überlegen Sie zunächst, welche Erlebnisse Sie in Ihrer Ursprungsfamilie, im Kindergarten oder Heim in Bezug auf Essen und Übergewicht hatten. Legen Sie sich schriftlich Rechenschaft ab, indem Sie die folgenden Fragen beantworten:

- Haben Ihre Eltern wiederholt und erfolglos Diäten gemacht?
- Haben Ihre Mutter/Ihr Vater unter ihrem Übergewicht gelitten?
- Hat Ihr Vater abfällige Bemerkungen über das Übergewicht Ihrer Mutter gemacht?
- Mussten Sie als Kind immer den Teller leer essen?
- Wurden Sie zum Essen gezwungen?
- Durften Sie essen, wann Sie wollten?
- Oder gab es feste Essenszeiten?
- Mussten Sie auch essen, was Ihnen nicht schmeckte?
- Wurden abfällige Bemerkungen über Ihre Essgewohnheiten und Ihr Essverhalten gemacht? (»Immer musst du einen Rest lassen!« – »Wenn du den Teller leer isst, gibt es schönes Wetter.«)
- Gab es immer genug zu essen?
- Wurde am Essen gespart?
- Wurden Sie mit Essensentzug bestraft?
- Musste gegessen werden, was auf den Tisch kam?
- Wurde Wohlverhalten mit Süßigkeiten belohnt?
- Haben sich Ihre Eltern während des Essens gestritten?

Schreiben Sie danach auf, welche Botschaften Ihnen durch diese Erlebnisse vermittelt wurden. Ein Beispiel:

Ihr Erlebnis: Sie mussten immer den Teller leer essen.

Die Botschaften könnten sein: Im Leben musst du vieles schlucken, das dir nicht gefällt. Es kann nicht immer nur nach deinen Bedürfnissen gehen. Deine Körperwahrnehmung (»Ich bin satt!«) zählt nicht. Mama und Papa mögen dich nur, wenn du brav bist und deinen Teller leer isst. Du musst dich in Bezug auf dein Essverhalten deinen Eltern unterordnen.

Viele Kinder erleben familiäre Rituale rund um das Essen als Demonstration elterlicher Macht. Einer Macht, die zudem häufig missbraucht wird. Die Folge: Die bewusste, willentliche Steuerung der Ernährung wird den Kindern vorenthalten, Essen gerät zu einer Geste der Unterwerfung.

Zu ersten Grenzverletzungen durch die Eltern kann es schon im Kleinkindalter kommen. Manche Babys werden heutzutage ja geradezu gemästet. Wie aber sollen sie unter diesen Umständen später in der Lage sein, auf ihren Körper zu hören, den Unterschied zwischen Hunger und Appetit zu erkennen und das rechte Maß zu finden?

Wenn man Kindern jedoch von Anfang an die Freiheit lässt, sich entsprechend den Bedürfnissen ihres Körpers zu ernähren, so unsere persönliche Erfahrung, nehmen sie sich genau das Richtige, nicht zu viel und nicht zu wenig.

Seelennahrung

Sie sind ein erwachsener Mensch. Sie essen, was Ihnen gut tut. Mit folgenden Heilenden Sätzen können Sie den überkommenen Glaubenssätzen Ihrer Vergangenheit zu

Leibe rücken (und dabei vielleicht auch gleich noch ein paar Pfunde verlieren):

- »Obwohl ich immer meinen Teller leer essen musste, liebe und akzeptiere ich mich so, wie ich bin.«
- »Obwohl ich heute noch immer wütend bin, dass ich meinen Teller leer essen musste, liebe ...«
- »Obwohl ich mich damals gedemütigt fühlte, dass ich meinen Teller leer essen musste, liebe ...«
- »Obwohl ich mich heute nur wohl fühle, wenn ich meinen Teller leer esse, liebe ...«
- »Obwohl ich mich schuldig fühle, wenn ich einen Rest auf meinem Teller lasse, liebe ...«
- »Obwohl ich es kaum ertragen kann, dass meine eigenen Kinder Reste auf dem Teller lassen, liebe ...«

Überprüfen Sie als Nächstes, welche Glaubenssätze Sie in Bezug auf Essen, Körper und Übergewicht sonst noch haben. Einige Vorschläge von uns:

- »Obwohl ich glaube, dass man Essen nicht wegwerfen darf, liebe und akzeptiere ich mich so, wie ich bin.«
- »Obwohl ich nicht glaube, dass ich mein Idealgewicht erreichen kann, liebe ...«
- »Obwohl ich glaube, dass mein Körper generell zu Übergewicht neigt, liebe ...«
- »Obwohl ich glaube, dass Frauen in den Wechseljahren automatisch zunehmen, liebe ...«

Emotionen zum eigenen Essverhalten und Übergewicht

Immer wieder wird das Gegenteil behauptet, doch uns ist in der Praxis noch nie eine fettleibige Person begegnet, die sich rundum wohl fühlt in ihrer Haut und sich selbst akzeptiert. Stark übergewichtige Menschen stecken voller belastender Emotionen: Wut, Selbsthass, Traurigkeit, Scham, Schuldgefühle, Resignation. Solange sie aber derart im Unfrieden mit sich und ihrem Körper sind, ist Heilung nicht möglich, Normalgewicht nicht zu erreichen. Hier einige Anregungen für Heilende Sätze:

- »Obwohl ich meinen Körper ablehne und am liebsten einen anderen Körper hätte, liebe und akzeptiere ich mich so, wie ich bin.«
- »Obwohl ich so fett/dick bin, liebe …«
- »Obwohl ich meinen fetten Körper ablehne, liebe …«
- »Obwohl ich meinen Körper hasse, weil er so dick ist, liebe …«
- »Obwohl ich mich für meinen Körper schäme, liebe …«
- »Obwohl ich mich wegen meines Dickseins schuldig fühle, liebe …«
- »Obwohl ich traurig bin über mein Übergewicht, liebe …«
- »Obwohl ich in Bezug auf mein Übergewicht resigniert habe, liebe …«
- »Obwohl ich verzweifelt bin, weil ich so fett/dick bin, liebe …«

- »Obwohl ich mir überhaupt nicht vorstellen kann, jemals wieder schlank zu sein, liebe …«
- »Obwohl ich so frustriert bin, weil ich schon so viele Diäten gemacht habe und keine genutzt hat, liebe …«

Finden Sie auch heraus, welche Gefühle Sie Ihrer Umgebung, Ihrem Partner, Ihrer Familie, dem Freundeskreis diesbezüglich entgegenbringen. Haben Sie Ängste, ein schlechtes Gewissen, empfinden Sie Scham? Bilden Sie Ihre eigenen Sätze, die etwa in die folgende Richtung gehen können:

- »Obwohl ich mich vor meiner Frau/meinem Mann so schäme, weil ich so dick bin, liebe und akzeptiere ich mich so, wie ich bin.«

Möchten Sie es wirklich?

Sie wünschen sich einen anderen, gertenschlanken Körper? Sie können sich im Grunde aber gar nicht vorstellen, wie Sie mit diesen Traummaßen wohl aussehen würden? Löst allein der Gedanke daran, so viel an Gewicht zu verlieren, Ängste aus? Auch für diese Fälle – und sie sind gar nicht so selten, wie Sie vielleicht denken – haben wir einige Beispiele aus unserer MET-Praxis zusammengestellt:

- »Obwohl ich Angst habe, sexuell für Männer attraktiv zu sein, wenn ich schlank bin, liebe und akzeptiere ich mich so, wie ich bin.«
- »Obwohl ich Angst habe, im Mittelpunkt der männ-

lichen Aufmerksamkeit zu stehen, wenn ich schlank bin, liebe ...«

- »Obwohl ich mir überhaupt nicht vorstellen kann, wie ich mit meinem Idealgewicht aussehe, liebe ...«
- »Obwohl ich mir für Tausende von Euros neue Kleidung kaufen muss, wenn ich schlank bin, liebe ...«
- »Obwohl ich dann eine ganze andere Identität als Frau/Mann habe, wenn ich schlank bin, liebe ...«
- »Obwohl es ein Risiko für mich und andere bedeutet abzunehmen, liebe ...«
- »Obwohl ich Angst habe abzunehmen, weil mein Übergewicht vielleicht ein Schutz sein könnte, liebe ...«
- »Obwohl ich Angst vor meinen Gefühlen habe, die hinter meinem Übergewicht stecken könnten, liebe ...«

Bedienen Sie sich

Folgende Heilende Sätze können Sie in Bezug auf Ihr Essverhalten beklopfen:

- »Obwohl ich mich hasse, wenn ich mich so voll stopfe, liebe und akzeptiere ich mich so, wie ich bin.«
- »Obwohl ich mich für meine Fressanfälle schuldig fühle/mich verurteile, liebe ...«
- »Obwohl ich mich schäme, weil ich so viel esse, liebe ...«
- »Obwohl ich mich dafür verurteile, dass ich ständig nach etwas Essbarem suche, liebe ...«
- »Obwohl das Essen ein wichtiger Bestandteil meines Lebens ist, liebe ...«

- »Obwohl ich auf das übermäßige Essen nicht verzichten kann, liebe …«
- »Obwohl Essen eine bedeutende Rolle in meinem Leben spielt, liebe …«
- »Obwohl Essen meinem Leben einen Sinn gibt, liebe …«
- »Obwohl ich für mein Leben gern esse, liebe …«
- »Obwohl Essen immer im Mittelpunkt meiner Wahrnehmung steht, liebe …«
- »Obwohl ich ständig ans Essen denken muss, liebe …«

und so weiter.

Sie haben die Wahl

Um Ihren Sätzen eine neue und positive Richtung zu geben, können Sie, wie ab Seite 105 beschrieben, eine Wahlmöglichkeit anhängen. Etwa so:

- »Obwohl ich mich schuldig fühle, wenn ich einen Rest auf meinem Teller lasse, liebe und akzeptiere ich mich so, wie ich bin, und wähle, genau so viel zu essen, wie mein Körper braucht, um satt zu sein.«
- »Obwohl ich meinen Körper hasse, weil er so dick ist, liebe…, und wähle, damit zu beginnen, ein liebevolles Verhältnis zu meinem Körper aufzubauen.«
- »Obwohl Essen bisher meinem Leben einen Sinn gegeben hat, liebe…, und wähle, den wahren Sinn meines Lebens zu finden.«

Verfahren Sie mit den übrigen Heilenden Sätzen nach demselben Muster. Und denken Sie bitte daran: Bei der

Formulierung eines Satzes geht es ausschließlich darum, dass er sich für Sie stimmig und richtig anfühlt. Nur so kann er seine volle Wirkung entfalten.

Traumen aus der Kindheit

Häufig resultiert Übergewicht auch aus Traumen und nicht verarbeiteten Gefühlen der Kindheit und Jugend. Dazu zählen unter anderem sexueller Machtmissbrauch durch Eltern oder Verwandte und Bekannte, Gewalterfahrungen, Kriegstraumata, schwere Verlusterlebnisse.

Macht ein Mensch in jungen Jahren solche traumatischen Erfahrungen, empfindet er in der Regel Einsamkeit, Minderwertigkeitsgefühle, tiefe Trauer oder Angst. Er fühlt sich verlassen, nicht geliebt und verstanden, hilflos, ohnmächtig, ausgeliefert.

Da sowohl diese Emotionen als auch die Traumen, die an ihrem Ursprung standen, nur in den allerseltensten Fällen aufgelöst werden konnten, wird unbewusst verzweifelt nach einem Ausweg gesucht. Um sich vor ihren ständig lauernden Gefühlen zu schützen, flüchten sich viele ins große Fressen.

Daher bedeutet die Auseinandersetzung mit Übergewicht auch immer die Auseinandersetzung mit der Vergangenheit.

Durch das Beklopfen der Themen Ihrer Kindheit, die Sie heute noch belasten, können Sie Ihrem Übergewicht nachhaltig den Nährboden entziehen. Und dann brauchen Sie nicht länger vergebens zu versuchen, Ihre inneren Wunden mit Kuchen, Snacks und Völlereien zu heilen.

Sehen Sie selbst, wie weit Sie in der Selbstbehandlung kommen. In vielen Fällen kann es sinnvoll sein, begleitend einen MET-Therapeuten hinzuzuziehen.

Das liebe Geld

Knete, Pinke, Moneten: Am Gelde hängt, zum Gelde drängt doch alles... Beim Geld hört die Freundschaft auf... Geld regiert die Welt. Kaum ein Alltagsthema ist so stark belastet wie Goldmarie & Co. Beim Geld kochen die Emotionen unweigerlich hoch.

Und wie sieht es bei Ihnen aus? Machen Sie doch, bevor Sie weiterlesen, ruhig mal einen Kurztest. Sagen Sie laut: »Ich liebe Geld!« oder »Geld ist spirituell!« Welche Gefühle kommen dabei bei Ihnen hoch?

Am besten, Sie schreiben alle Ihre Empfindungen gleich auf und beklopfen Sie mit MET...

Geld an sich ist völlig neutral, weder gut noch schlecht, weder sauber noch schmutzig, und es riecht tatsächlich nicht. Im Grunde ist Geld nur ein Symbol – ein Symbol für Energie – und hat genau die Bedeutung, die Sie ihm geben. Nicht mehr und nicht weniger.

Und dennoch ist unser Verhältnis zum Geld eine so spezielle Angelegenheit. Und die spielt sich nicht auf den Finanzmärkten dieser Welt ab, sondern im Kopf jedes Einzelnen.

Geldsorgen sagen immer auch etwas über das eigene Selbstbild beziehungsweise die eigene Identität aus und gehen häufig mit Minderwertigkeitsgefühlen einher. Wer ständig über Geldmangel klagt oder Angst hat zu verarmen, leidet gewöhnlich auch unter dem quälenden Empfinden, nicht zu genügen oder zu wenig zu bieten zu haben.

In unserem Umgang mit den Finanzen – ob im einen Extrem ungesunder Geiz oder im anderen exzessives Ausgeben – spiegelt sich exakt wider, was wir in puncto Geld denken, glauben und wovon wir überzeugt sind.

Um ein Beispiel zu nennen: Bei vielen Menschen ist das Verhältnis zum Geld durch ein generelles Mangel- und Armutsdenken geprägt. Da es nicht genug Geld gebe, so meinen sie, müsse man ständig darum kämpfen. Dabei werden in Wirklichkeit (siehe Aktienhandel) tagtäglich Milliarden und Milliarden von Dollars und Euros bewegt. Es gibt sogar Berechnungen, denen zufolge eigentlich jeder Mensch auf dieser Welt Millionär sein könnte – vorausgesetzt, das Geld wäre gleich verteilt.

Genau wie in der Natur Überfluss herrscht, ist also auch Geld im Überfluss vorhanden. Wenn wir Geld als Mangelware erleben, liegt dieser Einstellung ein antrainierter Glaubenssatz zugrunde.

Unser Verhältnis zum Geld wird stark von den Erfahrungen und Erlebnissen geprägt, die wir in der Kindheit gemacht haben. Und hier manifestieren sich naturgemäß in erster Linie die Überzeugungen, die wir aus dem Elternhaus kennen: Im Lotto gewinnen eh nur immer die anderen; der Teufel sch… eben immer auf den dicksten Haufen, aber auch: Über Geld muss man nicht reden, man hat es. Der Varianten sind viele.

Wenn Sie eine positivere Haltung zum Geld einnehmen oder Ihr Verhältnis dazu wenigstens neutralisieren wollen, ist es also zunächst sehr hilfreich, den Einstellungen und Überzeugungen Ihrer Eltern und/oder Großeltern nachzuspüren, da Sie sich diese mit großer Wahrscheinlichkeit zu Eigen gemacht haben.

Geldbotschaften aus Ihrer Kindheit

▪ Überlegen Sie, welche Erlebnisse Sie in der Kindheit in Bezug auf Geld gemacht haben, und schreiben Sie diese auf.

- Hatten Ihre Eltern Freude an ihrem Geld, oder war es ein ewiger Kampf ums Überleben?
- Haben Ihre Eltern frei mit Ihnen über Geld gesprochen?
- Wussten Sie, wie viel Ihre Eltern verdienten, oder war dieses Thema tabu?
- Bekamen Sie Taschengeld?
- Haben sich Ihre Eltern über Geld gestritten?
- Hat Ihre Mutter Haushaltsgeld bekommen?
- Mussten Sie vielleicht die getragenen Sachen Ihrer Geschwister anziehen?
- Hatten Sie ein Sparbuch? Durften Sie es auch einsehen?
- Herrschte immer wieder Sorge, dass das Geld bis zum Monatsende nicht reichen könnte?

- Schreiben Sie hinter jedem Erlebnis die zugrunde liegende Botschaft/Mitteilung Ihrer Eltern auf.
  - Zum Beispiel das Erlebnis: »Über Geld wurde immer gestritten.« Die Botschaft: »Geld zerstört den Familienfrieden.«
  - Oder das Erlebnis: »Ich bekam kein Taschengeld.« Die Botschaft: »Ich bin es nicht wert, eigenes Geld zu besitzen.« – »Meine Eltern trauen mir nicht zu, dass ich mit Geld verantwortlich umgehen kann.«
- Dann nehmen Sie sich jede Botschaft einzeln vor und schätzen auf der Skala von 0 bis 10 ein, wie sehr sie für Sie stimmt. Zehn bedeutet, diese Botschaft stimmt hundertprozentig, null heißt, dass die Botschaft gar nicht mehr stimmt.
- Atemgleichgewichtsübung, Beklopfen der Thymusdrüse. Heilender Satz, dreimal ausgesprochen: »Obwohl Geld nur zu Unfrieden und Streit führt, liebe und akzeptiere ich mich so, wie ich bin.«
- Beklopfen aller 14 Punkte. Behandlungssatz: »Geld führt nur zu Unfrieden und Streit« oder »Meine Überzeugung, dass Geld nur zu Unfrieden und Streit führt«.
- Handrückenserie.

Falls während des Klopfens weitere belastende Emotionen wie Scham, Schuldgefühle oder Ärger hochkommen, klopfen Sie diese nach dem gewohnten Behandlungsschema auf null.

Glaubenssätze über Geld

Anhand der folgenden Liste können Sie überprüfen, welche Glaubenssätze über Geld Sie möglicherweise von Ihren Eltern/Großeltern übernommen haben. Schätzen Sie anhand der Skala von 0 bis 10 ein, wie sehr diese Glaubenssätze für Sie Gültigkeit haben. Alles, was über null ist, können Sie mit dem MET-Behandlungsschema klopfen.

- »Geld ist nicht spirituell.«
- »Wer den Pfennig nicht ehrt, ist des Talers nicht wert.«
- »Geld verdirbt den Charakter.«
- »Geld ist schmutzig.«
- »Geld macht nicht glücklich, aber es beruhigt die Nerven.«
- »Eher geht ein Kamel durch ein Nadelöhr, als dass ein Reicher in den Himmel käme.«
- »Geld macht hochnäsig und arrogant.«
- »Reichtum macht einsam.«
- »Wer reich ist, hat keine wahren Freunde mehr.«
- »Viel Geld schafft Sorgen und Probleme.«
- »Sei zufrieden mit dem, was du hast.«
- »Mehr, als ich habe, verdiene ich auch nicht.«
- »Bescheidenheit ist eine Zier.«

Beispiel »Geld stinkt«

- Heilender Satz: »Obwohl ich glaube, dass Geld stinkt, liebe und akzeptiere ich mich so, wie ich bin.«

- Behandlungssatz: »Mein Glaube, dass Geld stinkt« oder »Geld stinkt«.
- Bei Bedarf die Handrückenserie anschließen.

Behandlungssätze

Anhand der folgenden Liste können Sie überprüfen, welche Emotionen Sie in Bezug auf Geld haben. Schätzen Sie anhand der Skala von 0 bis 10 ein, in welchem Maß diese Emotionen für Sie Gültigkeit haben. Alles, was über null ist, sollte geklopft werden.

Vorab wieder ein Beispiel: Nach Atemgleichgewichtsübung, Beklopfen der Thymusdrüse und dreimaligem Aussprechen des Heilenden Satzes »Obwohl ich glaube, dass ich immer arm sein werde, liebe und akzeptiere ich mich so, wie ich bin« lautet der anschließende Behandlungssatz: »Mein Glaube, dass ich immer arm sein werde.«

Abschließend Handrückenserie. Andere mögliche Emotionen:

- »Ich traue mir nicht zu, mehr zu verdienen.«
- »Ich bekomme Angst, wenn ich mir vorstelle, dass ich mehr als € … verdiene.«
- »Ich darf nicht erfolgreicher sein als mein Vater/meine Mutter.«
- »Ich habe Angst, die Anerkennung meiner Eltern zu verlieren, wenn ich viel Geld verdiene.«
- »Es ist für mich gefährlich, erfolgreich zu sein und viel Geld zu verdienen.«

- »Ich fühle mich unwohl, wenn ich viel Geld verdiene/habe.«
- »Ich habe Angst, zurückgewiesen zu werden, wenn ich viel Geld verdiene und erfolgreich bin.«
- »Ich habe Angst, mit viel Geld im Portemonnaie in der Öffentlichkeit herumzulaufen.«
- »Ich habe Angst, dass mir Geld gestohlen wird.«
- »Ich habe Angst, um Geld betrogen zu werden.«
- »Ich habe es nicht verdient, mehr zu haben, da ich bereits genug habe.«
- »Ich sollte mit dem zufrieden sein, was ich habe.«
- »Ich habe Angst vor der Missgunst und dem Neid anderer, wenn ich viel Geld verdiene.«
- »Ich habe Angst, einsam zu sein, wenn ich viel Geld verdiene und reich bin.«
- »Ich habe Angst, dass ich immer arm sein werde.«
- »Ich fühle mich arm und ängstlich in Bezug auf Geld.«
- »Ich habe Angst, Geld für meine Leistungen zu fordern.«
- »Ich habe Angst (Scham), mit anderen über meine finanzielle Situation zu sprechen.«
- »Ich habe Angst (Scham), mein monatliches Einkommen preiszugeben.«

(Anmerkung: Sollten beim Klopfen körperliche Reaktionen auftreten wie zum Beispiel Übelkeit oder Kopfschmerzen, beklopfen Sie zunächst diese körperlichen Symptome, bis sie verschwunden sind. Dann erst gehen Sie zum nächsten Glaubenssatz über.)

Geldwerte Affirmationen[2]

Wenn Sie all Ihre negativen Überzeugungen und Glaubenssätze aufgelöst haben und sich in Bezug auf Geld auf einer höheren Bewusstseinsebene befinden, sind Sie bereit für positive Sätze über Geld.

Hier eine Übung, die Sie immer machen können, wenn Ihnen gerade danach ist:

- Wählen Sie aus der nachfolgenden Liste diejenigen Affirmationen aus, die am ehesten auf Sie zutreffen.
- Da der Boden bereits gut bereitet ist – Sie haben ja gerade fleißig Ihre Glaubenssätze und Emotionen in Bezug auf Geld beklopft –, reicht es, wenn Sie auf die Atemausgleichsübung verzichten und gleich mit dem Thymusklopfen beginnen. Ihr Zauberwort heißt jetzt »Geldüberfluss«.
- Sie beklopfen also fünf- bis siebenmal Ihre Thymusdrüse und sprechen dabei das Wort »Geldüberfluss« aus.
- Dann klopfen Sie jede Affirmation, für die Sie sich entschieden haben, in die 14 Behandlungspunkte ein. Pro Behandlungspunkt wird die Affirmation einmal ausgesprochen.
  - »Ich bin die Quelle meiner finanziellen Fülle.«
  - »Ich bin eine erfolgreiche Person.«
  - »Ich glaube an meinen unbegrenzten Wohlstand.«
  - »Ich verdiene materielle und spirituelle Fülle.«

---

2 Anregungen zu diesen Affirmationen haben wir dem Buch von Sanaya Roman und Duane Packer, Kreativ Reichtum schaffen entnommen.

- »Geld fließt in meinem Leben.«
- »Ich bin wohlhabend.«
- »Meine Energie durchfließt frei jeden meiner Lebensbereiche.«
- »Es kommt mehr Geld herein als hinausgeht.«
- »Ich erlaube mir, noch mehr zu haben, als ich mir je erträumte.«
- »Ich lade Wohlstand und Fülle in mein Leben ein.«
- »Ich vertraue darauf, dass alles zur richtigen Zeit und in der richtigen Weise kommt.«
- »Ich bin eine wertvolle Person.«
- »Ich bringe in alles, was ich tue, Liebe und eine positive Einstellung ein.«
- »Alles Geld, das ich ausgebe, bereichert die Gesellschaft und kommt vermehrt zu mir zurück.«
- »Alles Geld, das ich ausgebe und verdiene, bringt mir Freude.«
- »Mein Wohlstand wirkt sich günstig auf andere aus.«
- »Der Erfolg aller anderen trägt zu meinem Erfolg bei.«
- »Mein Geld ist die Quelle alles Guten für mich und andere.«
- »Ich bin für das Empfangen offen.«
- »Alles, was ich gebe, ist ein Geschenk an mich selbst.«
- »Ich gebe mir selbst voller Großzügigkeit.«
- »Das Geld, das ich ausgebe, gebe ich mit gutem Gefühl aus.«

- »Während ich anderen zu Gewinnen verhelfe, gewinne auch ich.«
- »Ich bin finanziell unabhängig und frei.«
- »Mein ganzes Geld ist Energie, die darauf wartet, Gutes in meinem Leben zu erschaffen.«
- »All mein Geld arbeitet für mich für die Steigerung meiner Fülle, Freude und Lebendigkeit.«

Sie sehen: Alle Lebensbereiche werden auf die eine oder andere Weise vom Geld – dem allgemeinen Symbol für Energie – berührt. Und da sage noch jemand, Geld sei nichts Spirituelles …

Ziele, Wünsche

Sowohl in unserer Praxis als auch in den Seminaren, die wir abhalten, begegnen wir immer wieder Leuten mit Geldsorgen, Menschen, deren berufliche Situation unbefriedigend ist, die das Gefühl haben, sie würden eigentlich lieber etwas anderes machen, und sich als Opfer der Umstände empfinden.

In Bezug auf ihre Ziele gibt es drei Gruppen von Menschen: Die meisten haben gar keine Ziele. In der zweiten bestehen zwar Ziele, die Leute sind aber blockiert oder wissen nicht, wie sie sie erreichen sollen. In der dritten Gruppe werden die gesetzten Ziele konsequent umgesetzt. Wenn Sie zu dieser kleinen Bevölkerungsschicht gehören, dürfen Sie dieses Kapitel getrost überspringen.

Menschen, deren Leben nach ihren eigenen Maßstäben nicht »rund läuft«, gehören zweifelsfrei zur ersten Gruppe. Sie haben keine Ziele. Fragen wir nach ihren Wünschen, bekommen wir in der Regel nur zu hören, was sie *nicht* mehr wollen: »In zehn Jahren will ich auf keinen Fall mehr Taxi fahren.« – »In fünf Jahren habe ich diesen Job bestimmt an den Nagel gehängt.« – »Ich will weg aus dieser Stadt.« – »Ich will nicht mehr so wenig Geld haben.« – »Ich will nicht mehr krank sein.«

Mit solchen Äußerungen beschreibt ein Mensch die Bewusstseinsebene, auf welcher er sich befindet und die er gern verlassen möchte.

Ohne ein positives Ziel kann dieser Schritt aber nicht gelingen. Solange man nicht konkret eine kraftvolle Vision benennt, bleibt man unweigerlich in Resonanz mit dem morphischen Feld, welches der eigenen Bewusstseinsebene entspricht. Erst wenn man greifbar formuliert, was man erreichen möchte, hat man die Chance, sich auf ein neues Feld einzuschwingen. Eine solche positive Zielsetzung könnte für eine Verkäuferin zum Beispiel lauten: »Ich bin erfolgreich als Abteilungsleiterin«.

Wer sich durch negative Formulierungen stets aufs Neue mit dem bestehenden morphischen Feld verbindet, wird immer wieder feststellen, dass alles beim Alten bleibt: derselbe Job, dieselbe Stadt, dieselben Geldsorgen. Nur, dass sich der Gesundheitszustand vielleicht verschlechtert …

Menschen, die so leben, fühlen sich zunehmend als Opfer der Umstände. Kein Wunder, befinden sie sich doch auf der Bewusstseinsebene der Resignation. Und auf dieser Ebene ist immer Sankt-Nimmerleins-Tag. Alles reine Hoffnung, ohne jede Chance auf Verwirklichung: Hoffnung, im Lotto zu gewinnen, Hoffnung, dass ein neuer Job vom Himmel fällt, sich die Umstände verbessern, Ostern auf den 24. Dezember fällt. Auf der Ebene der Resignation kann man sich nicht als Schöpfer des eigenen Lebens sehen. Da wird einem alles nur angetan. Es widerfährt. Einmal Pechvogel, immer Pechvogel! Die Hymne dieser Lebensauffassung trägt den Titel »Das ist nun mal so«.

Wir alle sind Schöpfer

Die Wahrheit ist: Wir alle sind Schöpfer unserer eigenen Realität. Der Status quo wird durch die Gedanken aufrechterhalten, die wir immer wieder pflegen, und durch die Sprache, derer wir uns bedienen. Wer etwa (auf der Ebene von Resignation und Angst) ständig denkt und vielleicht sogar sagt: »Ich finde sowieso nie einen neuen Job« oder »Das erreiche ich ohnehin nie«, nährt das morphische Feld der Resignation.

Beobachten Sie also genau Ihre Gedanken und Ihre Worte. Sie geben Ihnen Auskunft über Ihre Bewusstseinsebene und liefern Ihnen die beschränkenden Sätze, die Sie dann mit MET beklopfen können.

Dem Leben eine Richtung geben

Bevor man eine Richtung einschlägt, ist es gut, wenn man weiß, wo man hin möchte. Eine Binsenwahrheit, aber die Veränderungen, die wir uns für unser Leben wünschen, bilden keine Ausnahme von dieser Regel.

Man muss eine Aussage darüber treffen, was man erreichen möchte. Damit legt man sich zugleich auf das morphische Feld fest, mit dem man sich verbinden möchte. Um bei unserem Beispiel zu bleiben, müsste man also etwa denken und sagen: »In fünf Jahren lebe ich in … (Name eines bestimmten Ortes beziehungsweise Landes).« Oder: »Ab 2006 arbeite ich als … (Berufsbezeichnung).«

Das sind konkrete Aussagen, die in dieser Form Realität schaffen, denn sie beschreiben einen Ist-Zustand (das morphische Feld Ihrer Wünsche/Visionen). Da sie ein neues morphisches Feld aufbauen, mit dem man von da an ständig in Resonanz ist, wohnt diesen Äußerungen enorme Kraft inne. Denn wenn Sie es möchten, wird schon mit der Formulierung des Zieles das Ziel selbst erschaffen. Dies ist umso wirksamer, je intensiver Sie das Prinzip des »Als-ob« *leben*, d. h. so tun, als hätten Sie Ihr Ziel schon erreicht.

Je mehr Sie sich mit Ihrer Vision beschäftigen, desto nachhaltiger wird das betreffende morphische Feld gestärkt. Dazu verbinden Sie sich gedanklich immer wieder mit Ihrem Ziel, vielleicht malen Sie ein Bild dazu, schreiben einen kleinen Text darüber (gern auch einen größeren) oder lassen sich anderes einfallen, um Ihr neues Feld nach Kräften zu pflegen und zu nähren. Sprechen Sie über Ihre Visionen. Dann fühlen sich auch andere davon angezogen und werden Sie unterstützen und es fühlt sich bald ganz so an, als hätten Sie Ihr Ziel schon erreicht – als wären Sie bereits Abteilungsleiterin. Auf diese Weise stärken Sie nach und nach dieses morphische Feld mit Ihren Inhalten.

Dadurch dass Sie sich so verhalten und fühlen, als wäre der Wunsch/das Ziel schon Wirklichkeit, ziehen

Sie Personen und Dinge in Ihr Leben, die für die Realisierung hilfreich sind. Schon mit der gedanklichen und sprachlichen Ausgestaltung Ihres Zieles sind Sie ihm also sehr nahe gekommen.

Vermeiden Sie Verneinungen. Denn aufgrund der spezifischen Eigenheiten unseres Unterbewusstseins – es versteht kein »Nein« – gehen Sie bei jeder Negation eine Resonanz genau zu dem morphischen Feld ein, das Sie hinter sich lassen möchten. Auch in dieser Konstellation funktioniert es als Sender, auf den Sie sich einstellen, um Informationen zu empfangen. Sagen Sie also zum Beispiel, »In fünf Jahren arbeite ich nicht mehr als Verkäuferin«, so versteht Ihr Unbewusstes: »In fünf Jahren arbeite ich noch als Verkäuferin.« Denn vollkommen unbeabsichtigt treten Sie durch diese Äußerung in Resonanz mit dem morphischen Feld »Verkäuferin« und stärken es nach Kräften.

Formulieren Sie jedoch als Ziel: »In fünf Jahren arbeite ich als Abteilungsleiterin einer großen Supermarktkette«, dann verbinden Sie sich mit dem morphischen Feld »Abteilungsleiterin einer großen Supermarktkette« und lassen es größer und stärker werden, indem Sie bestimmte Schritte zur Erreichung des gewünschten Seinszustandes unternehmen. Das kann etwa bedeuten, dass Sie Fortbildungen machen, die notwendig sind, um befördert zu werden. Und Sie setzen in Ihrem Leben Prioritäten. Statt also abends fernzusehen, lesen Sie lieber entsprechende Fachliteratur.

Folgen Sie Ihren Visionen

Hören Sie auf Ihre innere Stimme und darauf, was Sie sagen. Achten Sie auf Sätze, die mit »Ich möchte …« anfangen. Diese Sätze haben mit hoher Wahrscheinlichkeit etwas mit Ihrem Herzen zu tun und sind von großer Kraft. Sätze, die mit »Ich will …« anfangen, kommen dagegen mit hoher Wahrscheinlichkeit aus dem Verstand, bedeuten eher Anstrengung und haben wenig Kraft.

Wünsche und Ziele dürfen Sie nur für sich selbst formulieren, nicht aber für andere. Eingriffe in die Privatsphäre Dritter sind nicht gestattet. »Nächsten Winter wiegt mein Mann 20 Kilo weniger« – vergessen Sie's.

Ihr Ziel sollte ein *Herzenswunsch* sein und im Einklang mit Ihrem persönlichen Lebensplan stehen. Der Herzenswunsch eines Maurers, der diesen Beruf erlernt hat, um dem Drängen seines Vaters nachzugeben, könnte zum Beispiel sein, ein Restaurant zu eröffnen und Menschen kulinarisch zu verwöhnen.

Überprüfen Sie Ihr Ziel im Hinblick auf seine »Ökologie«, führen Sie sich also vor Augen – und seien Sie dabei sehr ehrlich zu sich selbst –, ob es für Sie persönlich, Ihre Familie, die Umgebung und die Menschheit insgesamt gut und nützlich ist. Was wir damit meinen: Sicherlich kann man durch Drogen- oder Waffenhandel innerhalb kurzer Zeit viel Geld verdienen. Zur Erhöhung Ihrer persönlichen Bewusstseinsebene oder der Ihrer Umgebung trüge es allerdings nichts bei, von der Menschheit in ihrer Gesamtheit ganz zu schweigen.

Ihr Ziel muss *klar und eindeutig formuliert* beziehungsweise definiert werden. Setzen Sie sich nach oben hin keine Grenzen. So könnten Sie sich etwa vornehmen: »Ab spätestens 1. 1. 2007 verdiene ich mindestens € 10 000 im Monat.«

Ihr Ziel sollte *positiv* formuliert sein, also: »Ich trage meinen Vortrag ruhig und gelassen vor« statt »Ich habe überhaupt keine Angst.«

Ihr Ziel muss *realistisch,* mithin erreichbar, dabei attraktiv und messbar sein. Also nicht: »Ich verdiene ab sofort € 50 000 im Monat« oder »In 10 Tagen wiege ich 25 Kilo weniger« lieber: »In 10 Tagen wiege ich 65 Kilo.«

Formulieren Sie Ihr Ziel in der *Gegenwartsform,* möglichst mit genauer Zeitangabe. Beispiel: »Ich verdiene ab dem 1. 3. 2007 € 10 000 im Monat.« Je nach dem Ziel, das Sie sich gesetzt haben, kann es sinnvoll sein, es durch die Formulierung von Zwischenschritten zu ergänzen und dadurch in greifbarere Nähe zu rücken.

Um es nicht aus den Augen zu verlieren, sollten Sie Ihr Ziel oder Ihre Vision *schriftlich fixieren* und gegebenenfalls mit Zeichnungen veranschaulichen.

Es schadet auch nicht, wenn Sie öfter einmal mit Personen Ihres Vertrauens *über Ihr Vorhaben sprechen.*

Und – ganz wichtig! – denken Sie daran, sich auch im Vorwege schon zu *bedanken,* dass Sie Ihr Ziel erreicht haben. Auf der Bewusstseinsebene der Dankbarkeit geht Ihnen vieles leichter von der Hand.

Klopfen Sie sich zum Erfolg!

Nachdem Sie nunmehr das »Pflichtprogramm« zur Erfüllung Ihres Herzenswunsches kennen gelernt haben, möchten wir Ihnen jetzt natürlich auch die »Kür« nicht länger vorenthalten – Erfolg mit MET!

- Benennung des Ziels, Wunsches, Verhaltens, der Vision in eindeutig positiver Weise. Hier einige Beispiele: »Ich verdiene € 10000 im Monat.« »Ich gewinne das (Golf-)Spiel.« »Ich trage meinen Vortrag sicher und ruhig vor.«
- Aufspüren der negativen Gedanken, Glaubenssätze und Gefühle, die Sie daran hindern, an Ihr Ziel zu glauben beziehungsweise es zu erreichen. Beispiele: »Meine Angst, so erfolgreich zu sein«, »Meine Angst, so viel Geld zu verdienen«. Oder etwa beim Golf: »Meine Angst, den Ball nicht zu treffen« oder »Meine Angst, erfolgreicher zu sein als X«. Klopfen Sie alle hemmenden Emotionen, bis sie bei null sind.
- Im Unterschied zu belastenden Themen geht es bei der MET-Zielbehandlung darum, den Skalenwert von niedrigeren Werten auf 10 zu bringen. Das heißt nun:
    - Einschätzung auf einer Skala von 0 bis 10: Wie sehr glauben Sie an Ihr Ziel? Null = gar nicht, 10 = ich glaube voll und ganz an mein Ziel/meine Vision/

meinen Lebenstraum. Sie sollten jetzt auf einem Skalenwert von mindestens 6 sein. Wenn Sie niedriger liegen, so heißt das, dass der zweite Schritt noch nicht vollendet ist und es noch Blockaden (Ängste, Zweifel, Schuldgefühle) gibt, die Sie erst auflösen müssen. Es kann auch sein, dass sich Ihr Ziel nach Beendigung des zweiten Schrittes verändert oder sich eine andere Vision herauskristallisiert hat. Das ist positiv zu werten, denn durch das Beklopfen ist Ihnen Ihr eigentliches Ziel oder Ihr Herzenswunsch bewusst geworden.

- Sollten Sie bei einem Wert von 6 oder höher liegen, beginnen Sie mit der MET-Zielbehandlung:
  - Atemgleichgewichtsübung
  - Thymusklopfen
  - Reiben des Heilenden Punktes, dabei dreimaliges Aussprechen des Heilenden Satzes: »Obwohl ich noch nicht voll und ganz an die Erreichung meines Zieles glaube, bin ich voller Liebe und Dankbarkeit und wähle, mein Ziel zu erreichen.«
  - Klopfen aller 14 Punkte. Bei jedem Klopfpunkt Wiederholung des Zielsatzes, beispielsweise: »Ab dem 1.1.2007 verdiene ich mindestens € 5000 im Monat.«
  - Handrückenserie
  - Erneutes Einschätzen auf der Skala
  - Falls Sie noch nicht auf 10 sind, spüren Sie nach, ob es noch hemmende Emotionen gibt, die Sie Ihr Ziel nicht erreichen lassen. Sollte dies der Fall sein, so be-

klopfen Sie die entsprechenden Gefühle mit einer MET-Behandlungssequenz (alle 14 Punkte).

- Falls Sie bei 8 oder 9 sind und keine weiteren hemmenden oder blockierenden Emotionen haben, klopfen Sie erneut alle 14 Punkte und sprechen Sie den Zielsatz. Nun sollten Sie bei dem Skalenwert 10 sein, also hundertprozentig daran glauben, dass Sie Ihr Ziel erreichen werden.

- Mit diesem Schritt stärken Sie das morphische Feld Ihres Zieles/Wunsches/Ihrer Vision, indem Sie sich bildlich vorstellen, wie Sie Ihr Ziel erreichen. Stellen Sie sich in Gedanken alle Schritte vor, die von jetzt an bis zur Erreichung Ihres Zieles notwendig sind, und machen Sie daraus einen gedanklichen Kurzfilm. Hierfür sollten Sie alle Sinne einbeziehen: Sehen, Hören, Riechen, Fühlen, Schmecken.
- Schließen Sie jetzt die Augen und lassen Sie Ihren Kurzfilm vor Ihrem inneren Auge ablaufen. Schätzen Sie auf der Skala von 0 bis 10 ein, wie sehr Sie daran glauben, dass alles so geschieht, wie Sie es sich vorgestellt haben. Tauchen bei Ihnen Zweifel, Ängste oder andere hemmende Gefühle auf, dann beklopfen Sie diese blockierenden Gefühle wieder mit MET.

- Alle 14 Punkte jeweils sieben- bis zehnmal klopfen und dabei den Film vor Ihrem geistigen Auge einmal ablaufen lassen. Diesen Klopfdurchgang führen Sie insgesamt dreimal aus. Sie beklopfen also dreimal hintereinander alle 14 Punkte und lassen dabei Ihren Film innerlich ablaufen.

- Erneutes Einschätzen auf der Skala. Falls Sie wider Erwarten jetzt noch nicht bei 10 sind, vergewissern Sie sich, ob ein blockierendes Gefühl auftaucht, welches verhindert, dass Sie voll und ganz an Ihren Kurzfilm glauben. Diese beklopfen Sie gegebenenfalls wieder mit MET. Anschließend schätzen Sie erneut ein, wie sehr Sie jetzt davon überzeugt sind, dass alles so geschieht, wie Sie es sich in Ihrem Kurzfilm vorgestellt haben.

Stimmt auch alles? Der Bauchnabeltest

Mit einem einfachen Test, den wir Ihnen gleich vorstellen, können Sie ganz einfach überprüfen, ob das von Ihnen erarbeitete Ziel auch stimmig für Sie ist und ganz im Einklang mit Ihnen steht. Er beruht auf Forschungsergebnissen von Dr. G. Goodheart (Kinesiologie), Dr. John Diamond, Felix Mann und anderen.

Äußere Einflüsse, aber auch Gedanken, Erinnerungen oder Vorstellungen können den Körper stärken oder schwächen. Negative Auswirkungen auf den Organismus haben etwa Handys, Süßstoff, Quarzuhren, Tabak, gewisse Medikamente, bestimmte Musik, Nahrungsmittel aus der Mikrowelle. Negative Gedanken oder Emotionen sind gleichfalls in der Lage, das Körpersystem zu schwächen.

Aber auch umgekehrt wird ein Schuh daraus: Positive Gedanken oder Emotionen und Dinge, die uns gut tun (wie Bewegung, klassische Musik, naturbelassene

Nahrungsmittel und einiges mehr) stärken das komplexe Körper-Geist-Seele-System. Ist Ihr Ziel positiv für Sie, so wird Ihr Körper gestärkt. Ist es nicht stimmig, so wirkt es sich eher negativ aus.

- Stellen Sie sich aufrecht hin, Füße schulterbreit auseinander, weiche Knie.
- Lassen Sie die Arme neben dem Körper locker herunterhängen, die Handflächen nach oben, wie ein Gefäß geöffnet.
- Schließen Sie die Augen.
- Bleiben Sie offen und leer für alles, was geschieht.
- Legen Sie Ihr Ziel gedanklich in die linke Hand.
- Führen Sie die linke Hand auf den Bauchnabel und legen Sie die rechte Hand auf die linke Hand.

Sie werden jetzt feststellen, dass Ihr Körper leicht oder stärker nach vorne oder nach hinten gezogen wird. Wenn das Ziel hundertprozentig stimmig für Sie ist, wird Ihr Körper gestärkt, was sich daran zeigt, dass er leicht nach vorn gezogen wird.

Ist dies nicht der Fall – bedeutet es beispielsweise zu viel Stress, der den Körper schwächt –, werden Sie nach hinten gezogen.

Wenn gar nichts passiert, der Körper also weder nach hinten noch nach vorn kippt, ist das Ziel neutral. Trinken Sie in diesem Falle ein Glas Wasser und wiederholen Sie den Test später noch einmal.

Mit dieser MET-Zielbehandlung steht Ihnen nun eine Methode zur Verfügung, mit der Sie sich Ihrer selbst und Ihrer Schöpferkraft bewusst werden können. Geben Sie Ihrem Leben Schwung, Richtung und nehmen Sie es – im Wortsinn – in die eigene Hand.

Sucht, Abhängigkeit und Angst

Sucht kommt von suchen. Und wer suchet, der findet – manchmal ein Stück Schokolade oder ein Gläschen Schnaps zu viel oder Zigaretten toll. Aber Spaß beiseite.

Immer mehr Menschen entwickeln süchtiges Verhalten, nicht nur nach Substanzen wie Nikotin, Alkohol, Zucker, harten oder so genannten weichen Drogen, sondern auch nach bestimmten Aktivitäten (Einkaufen, Arbeiten, Glücks- und Computerspiele, Fernsehen und so fort). Die Zahl der Betroffenen geht weit in die Millionen, und was am meisten Besorgnis erregen sollte: Das Lebensalter, in dem Abhängigkeiten ihren Anfang nehmen, wird immer geringer, der Anteil jugendlicher Süchtiger immer größer.

Obwohl – oder gerade weil? – wir im materiellen Überfluss leben, scheint das Suchtpotenzial in unserer Gesellschaft ständig anzusteigen. Dabei geht es uns doch gut, wir haben genug zu essen, zu trinken, die meisten haben Arbeit und ein Dach über dem Kopf. Und dennoch geraten immer mehr Menschen in Abhängigkeit. Sie suchen Trost am Glimmstängel oder in der Flasche, betäuben sich mit Schokolade und öden Fernsehprogrammen, flüchten sich in Schlankheitswahn und Extremsportarten.

Dafür gibt es unserer Ansicht nach eine wesentliche Ursache: Angst. Die Angst regiert. Machen wir den Fernseher an oder schlagen wir bestimmte Zeitungen auf, empfangen wir die eine Botschaft: Die Welt ist ein unsicherer Platz, das Leben lebensgefährlich, die Zukunft voller Bedrohungen. Die Zahl der derart »verallgemeinerten« Ängste ist Legion: vor Krieg, vor Terrorismus, vor Naturkatastrophen, davor, dass die Welt am Abgrund steht. In diesem Klima scheint auch individuell die Angst vor niemandem Halt zu machen. Wir werden gelehrt, uns vor Arbeitslosigkeit zu fürchten, vor Altersarmut, Krankheit, Unfällen, vor Vergewaltigungen, körperlichen Übergriffen, vor dem Tod. Nicht einmal unsere Kinder bleiben davon verschont. Auch ihr Leben wird in zunehmendem Maße von Angst bestimmt, was erklärt, wieso die Zahl der in die Abhängigkeit Flüchtigen unter den Jugendlichen so dramatisch ansteigt: Angst vor Gewalt und Bestrafung zu Hause oder in der Schule, Versagensängste, allgemeine Zukunftsangst töten ihr Selbstvertrauen und ihren Optimismus und lassen sie verzweifelt nach »Auswegen« suchen, nach Dingen und Handlungen, die die Angst – und sei es auch nur für einen kleinen Moment – betäuben, nicht spürbar sein lassen. Da beweist sich wieder: Sucht kommt von suchen …

Und wie heißt es so richtig: Angst ist ein schlechter Ratgeber. In der Tat: Abgesehen vielleicht von Schuldgefühlen gibt es kaum ein Gefühl, das so sehr blockiert und die Lebensfreude abschnürt wie die Angst. Angst lähmt, blockiert den Atem, hemmt die Körperfunktionen und schwächt den ganzen Körper. Angst macht handlungsunfähig.

Nun wird immer wieder behauptet, Angst sei notwendig und nützlich, da sie den Menschen vor lebensbedrohender Gefahr bewahre. Das mag ja stimmen – wenn man die Uhr Millionen von Jahren zurückdreht. Im Angesicht des zähnefletschenden Raubtieres, das den Urzeitmenschen mit dem Tod bedrohte, gab es durchaus Sinn, in Angst- und Schreckstarre zu fallen, wenn Flucht oder Angriff keinen Erfolg versprachen.

Aber machen wir uns nichts vor: Die Zahl der wilden Bären, die uns in freier Wildbahn nach dem Leben trachten, hat – zumindest in unseren Breiten – im 21. Jahrhundert doch erheblich abgenommen.

Die Ängste, die wir heute spüren und schüren, sind ganz anderer Natur: Sie sind Ausdruck des Zustandes unserer Gesellschaft, Beweis für eine sehr niedrige Bewusstseinsebene. Wer Angst auch heute noch für überlebenswichtig hält, vermag nicht über den Tellerrand seiner Bewusstseinsebene hinwegzugucken, steht damit jedoch – leider – nicht allein.

Unsere gesamte westliche Welt befindet sich noch primär auf der Bewusstseinsebene der Angst. Und auf dieser Ebene herrschen Abhängigkeiten, Gewalt, Zerstörung, Leid und Süchte aller Art. Um es ganz deutlich zu sagen: Angst treibt den Menschen in die Abhängigkeit und macht ihn manipulierbar.

Bei der Behandlung von Suchterkrankungen mithilfe von MET ist daher besonderes Augenmerk auf die Ursachen zu lenken, in erster Linie auf Ängste oder auch auf Emotionen wie Schuldgefühle, Scham oder Trauer.

Gelingt es nicht, diese aufzulösen, kommt es leicht zu einer so genannten Suchtverschiebung, also zum Ausweichen in eine andere Abhängigkeit. Das heißt zum Beispiel, wer das Rauchen aufgibt, gerät in Gefahr, mehr Süßigkeiten zu essen, übermäßig Kaffee zu trinken oder Alkohol zu sich zu nehmen.

Apropos Rauchen: Am Beispiel der Nikotinabhängigkeit werden wir jetzt illustrieren, wie die MET-Behandlung von Süchten gelingt.

Eine letzte Zigarette …

In der Bewältigung der Angst wird keine Droge so häufig und exzessiv zur Hand genommen wie die Zigarette. (Die Plätze zwei und drei in der Rangordnung fragwürdiger Drachentöter nehmen Alkohol und Beruhigungsmittel ein.)

Dass den meisten Programmen zur Raucherentwöhnung so geringer Erfolg vergönnt ist, liegt daran, dass sie nicht geeignet sind, die Ursache der Abhängigkeit zu bekämpfen: Weder reduzieren sie den Angstpegel des Süchtigen noch beseitigen sie die anderen belastenden Emotionen, die ursprünglich zur Nikotinabhängigkeit führten.

Wer raucht, zieht an der Zigarette, inhaliert tief und atmet kontrolliert aus. Nun ist bekannt, dass im Zustand von Stress und Angst gar nicht so sehr das Ein-, sondern in erster Linie das Ausatmen blockiert ist, weshalb bei den meisten Atemtechniken, die in der westlichen Welt angewendet werden, auch besonderer Wert auf das Ausatmen – Loslassen – gelegt wird. Unbewusst, kurzfristig und vordergründig reduziert der Raucher durch sein Ritual also tatsächlich seine Angst: Er atmet vollständig aus, was ihm ohne rauchen nur schwer gelingt.

Da die Linderung allerdings nur von kurzer Dauer ist, greift er alsbald zur nächsten Zigarette, Schadstoffe und Gifte können ein weiteres Mal ihr Werk tun … Der Teufelskreis der Abhängigkeit ist in vollem Gange.

Wenn man Raucher nach ihren Ängsten fragt, stößt man oft auf pures Unverständnis. Ich – Angst? Der Marlboro-Mann kennt keine Angst. Kein Wunder: Er (oder auch sie) hat sie durch das Rauchen so weit im Griff, dass er sie nicht mehr spürt.

Die Vorstellung allerdings, das Rauchen für immer einstellen zu müssen, löst regelrechte Panik aus, wie wir in unseren Entwöhnungsseminaren immer wieder beobachten können. Und das sollte einen doch stutzig machen oder?

Am Anfang einer MET-Behandlung gegen die Nikotinsucht steht daher immer die Auflösung der zugrunde liegenden Ängste. Erst dann kann Raucherentwöhnung dauerhaft greifen.

Denn man muss sich darüber im Klaren sein, dass der Süchtige tatsächlich etwas verliert, wenn er auf die Zigarette verzichtet: Das Mittel, mit dem er seine Ängste bislang immer zügeln konnte, wird ihm buchstäblich

»entzogen« und weggenommen. Da entsteht also eine Lücke, die wieder ausgefüllt werden möchte. Schließlich hat man sich über Jahre oder Jahrzehnte eine Identität als Raucher aufgebaut. Und jetzt soll man plötzlich nicht mehr zu diesem »gemütlichen« Menschenschlag zählen? Kein Ritual mehr haben? Sich kein Päuschen mehr gönnen dürfen?

Die seit einiger Zeit vorgeschriebenen Warnhinweise auf den Packungen müssen ins Leere gehen, sind derartige Aufschriften doch im Prinzip nur eine Beschreibung der Bewusstseinsebene, auf welcher sich der Raucher befindet, nämlich Angst, Krankheit, Krebs, Tod. Da Raucher intellektuell nicht unbedingt minderbemittelter sind als andere Zeitgenossen, scheinen sie sich für Krankheit, Krebs und frühen Tod entschieden zu haben.

Tatsächlich haben Raucher unserer Überzeugung nach zu irgendeinem Zeitpunkt eine Wahl gegen das Leben getroffen. Anders ist nicht zu erklären, dass trotz umfänglicher Aufklärungskampagnen weiter geraucht wird. Dass Rauchen schädlich ist, weiß heute schließlich jedes Kind.

Die Zigarette – Selbstmord auf Raten? Der Nikotinabhängige weist eine solche Sicht natürlich empört zurück. Rauchen macht doch Spaß! Ist ein Genuss! Entspannt! Rauchen ist Belohnung, verschafft Freiräume. Kleine Fluchten. Und bietet manchmal eine allerletzte kleine Chance zur Rebellion. All das macht die Entwöhnung so besonders kompliziert. Es geht aber, glauben Sie uns.

Mit unseren Raucherentwöhnungsseminaren konnten wir schon vielen Rauchern helfen, sich eine neue, (rauch-)freie Identität aufzubauen.

Raucherentwöhnung mit MET

▪ Erstens: Zunächst stellen Sie sich bitte folgende Fragen in Bezug auf die Gewohnheiten Ihres Zigarettenkonsums, da sich daraus wichtige Themen ergeben können, die Sie beklopfen sollten:

▪ Wann habe ich mit dem Rauchen begonnen und warum?

▪ Wenn Sie beispielsweise mit zwölf Jahren angefangen haben und wissen, dass sich Ihre Eltern in dieser Zeit haben scheiden lassen, klopfen Sie den Satz: »Obwohl ich damals mit dem Rauchen begonnen habe, weil sich meine Eltern haben scheiden lassen, liebe und akzeptiere ich mich so, wie ich bin.« Oder: »Obwohl ich damals so traurig war, weil meine Eltern sich haben scheiden lassen und ich mit dem Rauchen anfing, liebe …«

▪ Wer in meiner Familie raucht noch?

▪ Beispielsatz: »Obwohl meine Eltern geraucht haben, liebe …«

▪ Wieso bin ich nach einer Phase der Abstinenz wieder rückfällig geworden?

▪ Beispielsatz: »Obwohl ich mich dafür schäme, es nicht geschafft zu haben, dauerhaft abstinent zu bleiben, liebe …«

- Zweitens: Schreiben Sie alle Emotionen auf, die bei der Vorstellung auftauchen, das Rauchen aufzugeben. Notieren Sie alle negativen Folgen, die dabei entstehen könnten. Diese Emotionen werden sofort nach dem MET-Behandlungsschema beklopft.

Beispiel: »Meine Angst, das Rauchen aufzugeben«.

- Als Erstes führen Sie die Atemgleichgewichtsübung durch. Dann beklopfen Sie die Thymusdrüse. Anschließend sprechen Sie folgende Heilende Sätze dreimal und reiben dabei den Heilenden Punkt: »Obwohl ich Angst davor habe, das Rauchen aufzugeben, liebe und akzeptiere ich mich so, wie ich bin.«
- Zweiter Heilender Satz: »Obwohl es ein Risiko für mich und andere bedeutet, wenn ich diese Angst verliere, liebe …«
- Dann beklopfen Sie nacheinander alle 14 Klopfpunkte und sprechen dabei den Behandlungssatz: »Meine Angst, das Rauchen aufzugeben«. Anschließend die Handrückenserie durchführen.
- Mögliche Emotionen könnten sein:
  - »Meine Ängste.«
  - »Meine Angst, das Rauchen aufzugeben.«
  - »Meine Angst, dass ich dann nicht mehr weiß, was ich machen soll.«
  - »Meine Angst, einen wichtigen Halt in meinem Leben zu verlieren.«
  - »Meine Angst, mit den Spannungen, der Unruhe, dem Ärger oder der Wut nicht klarzukommen.«

- »Meine Angst zuzunehmen.«
- »Meine Angst, es nicht zu schaffen, mit dem Rauchen aufzuhören.«
- »Meine Angst, in ein tiefes Loch zu fallen, wenn ich aufhöre.«
- »Meine Angst, keine Ausrede mehr zu haben, konsequent meinen Weg zu gehen.«
- »Meine Angst, dass mein Leben langweilig, öde und eintönig wird.«
- »Meine Angst, mich von einem langjährigen ›guten Freund und treuen Begleiter‹ zu trennen, der immer für mich da war, wenn ich ihn brauchte.«
- »Meine Angst, einen Teil meiner Unabhängigkeit zu verlieren.«
- »Meine Angst, Rückzugsmöglichkeiten zu verlieren.«
- »Meine Angst, eine Form von Genuss zu verlieren.«
- »Meine Angst, dass mir etwas sehr Wichtiges fehlen wird.«
- »Meine Angst, Gemütlichkeit und Geselligkeit zu verlieren.«
- »Meine Angst, dass das Leben dann langweilig ist.«
- »Meine Angst, nichts mehr in der Hand zu haben.«
- »Meine Angst, rückfällig zu werden.«
- »Meine Angst vor körperlichen Entzugserscheinungen.«
- »Meine Angst, auch nach dem Aufhören immer wieder an das Rauchen denken zu müssen.«

- Trauer, Scham und Schuldgefühle
    - »Meine Trauer wegen des Abschieds von einem Freund.«
    - »Meine Trauer/Scham/Schuldgefühle, meinem Körper so viel Schaden zugefügt zu haben.«
    - »Meine Trauer/Scham/Schuldgefühle, so lange geraucht zu haben.«
    - »Meine Trauer/Scham/Schuldgefühle, in der Schwangerschaft geraucht zu haben.«
    - »Meine Trauer/Scham/Schuldgefühle, im Beisein der Kinder geraucht zu haben.«
    - »Meine Scham/Schuldgefühle den Kindern gegenüber, dass ich rauche.«
    - »Meine Trauer/Scham/Schuldgefühle, der Gesellschaft so viele Kosten verursacht zu haben, weil ich so viel rauche oder geraucht habe.«
    - »Meine Trauer/Scham/Schuldgefühle, dass ich es hätte besser wissen müssen und nicht nein gesagt habe.«
- Wählen Sie die Sätze aus, die am meisten auf Sie zutreffen, und beklopfen Sie diese.
- Drittens. Sprechen Sie nun vor dem Spiegel folgenden Satz laut aus: »Ich gebe jetzt das Rauchen vollständig und für immer auf!« Die Betonung liegt auf »vollständig und für immer«. Achten Sie darauf, ob sich aufgrund des Aussprechens dieses Satzes irgendwelche neuen Ängste, Sorgen, Glaubenssätze, Vorstellungen oder Zweifel in Ihnen melden. Beklopfen Sie diese dann sofort auf die beschriebene Weise, bis Sie mit jeder

Angst, jedem Zweifel auf null sind. Erst wenn Sie diesen Satz laut aussprechen können und hundertprozentig ja dazu sagen können, gehen Sie zum nächsten Schritt über.

- Viertens. Greifen Sie jetzt zu einer Schachtel Ihrer Lieblingsmarke und entnehmen Sie eine Zigarette. Riechen Sie daran, nehmen Sie gegebenenfalls einen trockenen Zug und schätzen Sie Ihren Wunsch oder Ihre Gier/Ihr Verlangen, diese Zigarette jetzt zu rauchen, auf einer Skala von 0 bis 10 ein. Eigentlich müsste Ihr Verlangen jetzt bei null sein.
  - Wenn nicht, halten Sie die Zigarette in der linken Hand und schauen Sie sie an, während Sie den folgenden Satz dreimal laut aussprechen und dabei den Heilenden Punkt reiben: »Obwohl ich noch dieses Verlangen habe, diese Zigarette zu rauchen, liebe und akzeptiere ich mich voll und ganz.«
  - Anschließend sprechen Sie dreimal den folgenden Satz: »Obwohl es ein gewisses Risiko für mich bedeutet, das Verlangen nach dieser Zigarette zu verlieren, liebe …
  - Dann klopfen Sie die 14 Behandlungspunkte. Der Behandlungssatz lautet: »Mein Verlangen, diese Zigarette zu rauchen.«
  - Anschließend Handrückenserie.
  - Gegebenenfalls erneutes Klopfen der Behandlungspunkte, bis sich das Verlangen ganz aufgelöst hat.
- Fünftens. Benennen Sie nun drei oder vier Situationen aus Ihrem normalen Tagesablauf, in denen Sie

normalerweise eine Zigarette geraucht haben. Zum Beispiel:

- zur Tasse Kaffee,
- nach dem Frühstück und anderen Mahlzeiten,
- bei geselligen Anlässen,
- beim Fernsehen,
- beim Lesen,
- wenn es gemütlich ist,
- beim Telefonieren,
- in emotional aufgewühlten Situationen,
- in Verbindung mit Alkohol,
- wenn andere, z. B. Kollegen, rauchen usw.

■ Versetzen Sie sich in die jeweilige Situation, und schätzen Sie auf der Skala von 0 bis 10 ein, wie hoch Ihr Verlangen ist, etwa nach dem Frühstück oder zur Tasse Kaffee eine Zigarette zu rauchen. Nach der Vorbereitung mit dem Heilenden Satz »Obwohl ich das Verlangen habe, nach dem Frühstück zu rauchen, liebe …« beklopfen Sie die 14 Behandlungspunkte und machen die Handrückenserie, bis Sie jeweils auf null sind. Anschließend verfahren Sie mit den anderen Situationen genauso.

■ Sechstens. Während Sie den heilenden Punkt reiben, sprechen Sie folgende Abschlusssätze laut aus: »Auch wenn ich in Zukunft das Bedürfnis haben sollte, eine Zigarette zu rauchen, wähle ich, mich als glücklicher Nichtraucher zu fühlen.« – »Auch wenn ich in Zukunft den Gedanken an eine Zigarette haben sollte, wähle ich, mich als glücklicher Nichtraucher zu fühlen.« Anschließend werden alle Behandlungspunkte mit diesen beiden Behandlungssätzen geklopft.

Der große Hunger nach Süßem

Viele Menschen lieben Süßes. Und in Maßen ist dieses kleine Laster auch nicht weiter bedenklich. Wenn jedoch aus einem Stückchen Schokolade plötzlich eine ganze Tafel wird, wenn man sich fürs Wochenende regelrechte Hamstervorräte anlegt und im Supermarkt an keinem Süßigkeitenregal vorbeigehen kann, ohne ordentlich zuzuschlagen, dann ist ein normales Bedürfnis zur Abhängigkeit geworden.

Mit MET können Sie dieses süchtige Verhalten einfach auflösen. Die Behandlung greift jedoch nur, wenn Sie sie in einem Moment durchführen, in dem Sie gerade richtigen Heißhunger auf etwas Süßes haben. Dann gehen Sie wie folgt vor:

- Nehmen Sie Ihre Lieblingssüßigkeit in die linke Hand, sehen Sie sie an, riechen Sie daran und schätzen Sie Ihr Verlangen danach auf der Skala von 0 bis 10 ein.
- Legen Sie die Süßigkeit dann zur Seite und klopfen sich die Thymusdrüse.
- Die Süßigkeit wieder in der Hand haltend reiben Sie den Heilenden Punkt und sagen folgende Sätze je dreimal: »Obwohl ich das Verlangen habe, dieses Stück Schokolade (oder was auch immer) zu essen, liebe und akzeptiere ich mich so, wie ich bin.« – »Obwohl ich es nicht verdient habe, dieses Verlangen zu verlieren, liebe …«

- Die Süßigkeit bleibt weiter in Ihrer Hand, Sie klopfen die 14 Behandlungspunkte und führen die Handrückenserie durch.
- Riechen Sie wieder an der Süßigkeit und schätzen Sie Ihr Verlangen ein. Unsere Erfahrung zeigt, dass die Gier meistens schon nach nur einem Klopfdurchgang bei null ist. Dann haben Sie Ihre Wahlfreiheit wieder und können selbst entscheiden, ob Sie jetzt ein Stück Schokolade essen möchten oder nicht. Sollten Sie jedoch noch nicht bei null angelangt sein, ist das auch nicht schlimm. Machen Sie einfach eine zweite Runde.
- Reiben Sie in den Heilenden Punkt den Satz dreimal: »Obwohl ich noch ein bisschen Verlangen nach dieser Süßigkeit habe, liebe …«
- Siebtens. Jetzt klopfen Sie die 14 Behandlungspunkte mit dem Behandlungssatz: »Mein restliches Verlangen nach dieser Süßigkeit.« Sie können Ihre Lieblingsversuchung gern auch bei ihrem Markennamen nennen, wenn dieser für Sie wichtig ist.

Nach demselben Prinzip gehen Sie auch bei Koffeinabhängigkeit vor. Hierzu reicht es, wenn Sie Lust auf ein Tässchen verspüren, an dem Kaffeepulver oder an einer frisch aufgebrühten Tasse Kaffee zu riechen.

Abhängigkeit von harten Drogen

Auch eine Behandlung von Alkohol-, Tabletten- und Drogenabhängigkeit ist – nach dem körperlichen Entzug – mit MET möglich und effektiv, da sie die jeder Sucht zugrunde liegenden belastenden Emotionen auflöst und der Patient daher auf eine höhere Bewusstseinsebene gerät. Obwohl die Meridian-Energie-Techniken helfen können, einem Rückfall vorzubeugen, empfehlen wir eine Selbstbehandlung in so schweren Fällen von Sucht allerdings nicht. Sie wären besser beraten, einen gut ausgebildeten MET-Therapeuten zurate zu ziehen.

Erfülltes Altern mit METhusalem

Was glauben Sie wohl, wie alt Sie werden? Wie Ihre Eltern und Großeltern, so um die siebzig, höchstens achtzig?

Warum nicht hundertfünfzig? Das gehe nicht, meinen Sie, das sei reine Utopie? Wieso sind Sie sich da eigentlich so sicher?

Weil es schon in der Bibel steht? »Unser Leben währet siebzig Jahre, und wenn's hochkommt, so sind's achtzig Jahre …« Richtig, Psalm 90. Muss es deshalb aber stimmen?

Schließlich regenerieren sich die Zellen in Ihrem Körper immer aufs Neue. Und einige Fortschritte hat die Menschheit wohl doch gemacht, seit die Texte, die wir in der Bibel finden, verfasst wurden. Die Wissenschaft der Langlebigkeit stellt unsere traditionellen Annahmen zur Begrenztheit der Lebenserwartung mit neuen Erkenntnissen fast täglich mehr infrage.

Eine Lebenserwartung von hundertfünfzig Jahren oder mehr kann sich in unserem Kulturkreis trotzdem kaum ein Laie vorstellen. Es ist, als laufe unserer biologischen Lebensuhr ein kollektives inneres Programm voraus, das den Wecker für die Stunde unseres Todes gnadenlos stellt. Ganz nach unseren Vorstellungen.

Wir sind der festen Überzeugung, dass auch Alterungsprozesse und Todeserwartung Glaubenssätzen und Willensentscheidungen unterworfen sind.

Fragen Sie ruhig einmal einen Dreißigjährigen nach seinen Zukunftsplänen. In der Regel erhalten Sie eine Antwort, die etwa so lautet: »Ich muss noch fünfunddreißig Jahre arbeiten, dann gehe ich in Rente, na ja und dann mache ich mir noch ein paar schöne Jahre, so Gott will.« Wäre es nicht viel wünschenswerter, er (oder sie) würde sagen: »Die Arbeit macht viel Spaß, wann ich aufhöre, weiß ich noch gar nicht. Mit fünfzig starte ich auf jeden Fall noch mal so richtig durch … und mit hundert mache ich dann mal wieder eine Weltreise«?

Blödsinn!, sagt Ihr Inneres? So alt wird doch sowieso keiner, ich schon gar nicht. Und wenn, dann bin ich in dem Alter so klapprig, dass ich mich freue, wenn sie mich im Heim sonntags mal in den Garten rollen.

Und so fangen wir denn in der Regel spätestens Ende fünfzig an, uns in aller Ruhe auf das Ende vorzubereiten.

Das muss nicht so sein. Hören wir einfach auf damit. Legen Sie die Verantwortung für Ihr Leben nicht aus der Hand, wenn Sie den Rentenbescheid bekommen.

Ein bisschen was müssen Sie natürlich schon für sich tun. Erwarten Sie aber jetzt bloß keine Tipps für gesunde Ernährung und Lebensführung von uns. Darüber gibt es genug andere gute Bücher.

Nein, wir haben einen viel grundlegenderen Vorschlag für Sie: Werden Sie steinalt und mopsfidel mit dem METhusalem-Projekt. Wenn Sie es konsequent verfolgen, gelangen Sie auch in den Jahren der biologischen Reife auf eine neue Bewusstseinsebene, die der Freude, des Friedens, der grenzenlosen Energie und Jugendlichkeit.

Wann wollen Sie sterben?

Ermitteln Sie den geplanten Zeitpunkt Ihres Todes. Das genaue Jahr. Dabei orientieren sich die meisten an dem Alter, das Verwandte ersten Grades hatten, als sie starben. Wie Sie feststellen werden, können Sie mit Sicherheit angeben, ob Sie fünfundsiebzig, zweiundachtzig oder siebenundachtzig werden (wollen). Wenn Ihnen das reicht, ist alles in Ordnung, dann dürfen Sie weitermachen wie bisher.

Wenn Sie aber neugierig sind, was Sie nach diesem Datum noch alles erleben können, wenn Sie Ihr inneres Programm also verändern möchten, dann sind die METhusalem-Übungen, die wir Ihnen vorschlagen, genau richtig für Sie.

Denken Sie sich jung!

Altern ist eine Illusion. Wenn Sie so lange leben möchten, wie Sie es sich wünschen, sollten Sie die Glaubenssätze, die Sie gebrechlich und unflexibel werden lassen, abstreifen, sich und anderen verzeihen und das Alter mit seiner Weisheit und Erfahrung in voller körperlicher und geistiger Gesundheit genießen. Beginnen Sie mit dem Heilenden Satz:

- »Obwohl ich glaube, dass ich meinen Todeszeitpunkt nicht selbst bestimmen kann, liebe und akzeptiere ich mich so, wie ich bin.«
- Der Behandlungssatz: »Mein Glaube, dass ich meinen Todeszeitpunkt nicht selbst bestimmen kann.«

Bilden Sie nach diesem Beispiel Ihre eigenen Heilenden und Behandlungssätze:

- »Mein Glaube, dass ich nicht älter als 90 Jahre werde.«
- »Meine Überzeugung, dass kein Mensch das Altern stoppen kann.«
- »Mein Glaube, dass kein Mensch seinen Todeszeitpunkt selbst bestimmen kann.«
- »Mein Glaube, dass Menschen immer sterben müssen.«
- »Mein Glaube, dass Gott bestimmt, wann ich abberufen werde.«
- »Mein Glaube, mich gegen Gott zu versündigen, wenn ich meinen Todeszeitpunkt selbst bestimme.«
- »Mein Glaube, dass es nur dieses eine Leben gibt.«
- »Meine Überzeugung, dass Altern ein natürlicher Prozess ist, den ich nicht beeinflussen kann.«
- »Mein Glaube, nicht das Recht zu haben, so alt zu werden, wie ich will.«
- »Meine Überzeugung, dass ich ungefähr in dem Alter sterben werde wie meine Eltern.«
- »Mein ganzes Weltbild würde zusammenbrechen, wenn ich meinen Todeszeitpunkt selbst bestimmen könnte.«

- »Meine Überzeugung, dass ich gar nicht so alt werden kann, weil ich so ungesund gelebt habe.«
- »Meine Überzeugung, dass im Alter die Kraft nachlässt.«
- »Mein Glaube, dass Altern genetisch bedingt ist.«
- »Mein Glaube, dass Altern körperliches und psychisches Leiden verursacht.«
- »Mein Glaube, dass Altern tödlich ist.«

Gebieten Sie Ihren Ängsten Einhalt

- Heilender Satz: »Obwohl ich Angst habe, älter zu werden als die anderen und dann allein zu sein, liebe und akzeptiere ich mich so, wie ich bin.«
- Behandlungssatz: »Meine Angst, älter zu werden als die anderen und dann allein zu sein.«

Wenn einer der folgenden Sätze auf Sie zutrifft, bilden Sie entsprechend den Heilenden und den Behandlungssatz und beklopfen Sie sich nach dem bekannten Schema:

- »Meine Angst, dann meine Kinder zu überleben.«
- »Meine Angst, gebrechlich zu werden.«
- »Meine Angst, ein Pflegefall zu werden.«
- »Meine Angst, keine Freunde mehr zu haben.«
- »Meine Angst, nicht zu wissen, was ich den ganzen Tag tun soll.«
- »Meine Angst, mein Gedächtnis zu verlieren.«
- »Meine Angst, mich gegen Gott/das Leben zu versündigen.«

- »Meine Angst, der Gesellschaft zu lange auf der Tasche zu liegen.«
- »Meine Angst, im Alter leiden zu müssen.«
- »Meine Angst, dass das Leben dann langweilig wird.«
- »Meine Angst, nicht zu wissen, wovon ich leben soll.«
- »Meine Angst, älter zu werden.«
- »Meine Angst vorm Sterben.«
- »Meine Angst vorm Leiden.«

Wahlmöglichkeiten zum Thema »Alter«

Wie Sie sich erinnern werden, können Sie Ihren Heilenden Satz um Wahlmöglichkeiten ergänzen. Damit erreichen Sie, dass sich der Glaubenssatz, dem Sie sich gerade widmen, noch schneller und zuverlässiger auflöst. Denn Sie wissen ja: Mithilfe dieser Wahlmöglichkeiten geben Sie Ihrem Unterbewusstsein eine neue Richtung an, der sich auch Ihre persönliche Lebenswirklichkeit anschließt.

Beispiel

Meine Überzeugung, dass Altern ein natürlicher Prozess ist, den ich nicht beeinflussen kann.

- Heilender Satz: »Obwohl ich die Überzeugung habe, dass Altern ein natürlicher Prozess ist, den ich nicht beeinflussen kann, liebe und akzeptiere ich mich so, wie ich bin, und wähle anzuerkennen, dass ich den Alterungsprozess nach meinen Vorstellungen beeinflussen kann.«

Weitere Wahlmöglichkeiten:

- »… wähle ich, die volle Verantwortung für meinen Alterungsprozess zu übernehmen.«
- »… wähle ich, die volle Verantwortung für meine geistige und körperliche Gesundheit zu übernehmen.«
- »… wähle ich, meinen Alterungsprozess zu stoppen/rückgängig zu machen.«
- »… wähle ich, im Alter geistig und körperlich fit zu sein wie mit dreißig.«
- »… wähle ich, mein Sterbealter selbst zu bestimmen.«
- »… wähle ich, anzuerkennen, dass ich der Schöpfer meiner Realität bin.«
- »… wähle ich, … Jahre alt zu werden.«
- »… wähle ich, im Alter körperlich genauso kraftvoll zu sein wie als Vierzigjähriger.«
- »… wähle ich, mit jedem Jahr meines Lebens glücklicher und zufriedener zu sein.«
- »… wähle ich, mit jedem Lebensjahr frischer und jünger zu werden.«
- »… wähle ich, meinen Körper und Geist von Tag zu Tag zu verjüngen.«
- »… wähle ich, mit jedem Lebensjahr liebevoller mit mir umzugehen.«
- »… wähle ich, mit jedem Lebensjahr sorgsamer mit mir und meinem Körper umzugehen.«
- »… wähle ich, mehr und mehr zu erkennen, was für meinen Körper gut ist.«
- »… wähle ich, den Tod als Bestandteil eines größeren Zyklus von Tod und Erneuerung zu sehen.«

Angst, Kummer, Schuldgefühle, Ärger und Unversöhnlichkeit sowie innere Glaubenssätze und Überzeugungen sind die wesentlichen Faktoren, die den Alterungsprozess vorantreiben.

Freuen Sie sich jetzt schon auf Ihren hundertsiebten Geburtstag? Wenn Sie uns einladen möchten: Wir kommen gern.

MET mit Tieren

Keine Angst: Sie müssen nicht auf Ihrem Hamster, Goldfisch oder Kanarienvogel herumklopfen, um ihn zu behandeln. Die gute Nachricht: MET wirkt trotzdem. Und das Spektrum der Anwendungsbereiche ist breit:

- Trainingsprobleme, Gesundheitsprobleme, Probleme des Temperaments
- Beziehungsprobleme mit anderen Tieren, Eifersucht, Aggression
- Verhaltensstörungen
- Furcht, Phobien
- Unglücklichsein, Reizbarkeit, Mangel an sozialem Verhalten
- Allergien, Schmerz, Unwohlsein, Störungen, Krankheiten
- Frühere Misshandlungen, Traumata, falsche Behandlung, Missbrauch, Angst und vieles mehr.

Wenn Sie ein Tier in den Genuss der Meridian-Energie-Techniken kommen lassen möchten, wenden Sie die Methode des Stellvertreterklopfens an, die wir im Kapitel »MET mit Kindern« bereits beschrieben haben.

Ähnlich wie es bei Babys der Fall ist, sind wir auch mit unseren (Haus-)Tieren energetisch sehr eng verbunden. Wenn Sie sich intensiv auf Ihren Liebling konzentrieren, können Sie sein Energiesystem positiv beeinflussen, indem Sie die einschlägigen Meridianpunkte bei sich selbst beklopfen.

Und es gibt eine weitere Parallele zu den Menschenkindern: Sehr häufig halten uns auch die Tiere einen Spiegel vor. So können sich zum Beispiel in einem übermäßig furchtsamen Hund die Ängste seines Herrchens oder Frauchens manifestieren. Genauso kommt es vor, dass sich in einem angriffslustigen Hund die nicht gelebten Aggressionen seines Halters niederschlagen.

Deshalb ist es auch bei der Tierbehandlung wichtig, dass Sie sich in Bezug auf das Leiden Ihres Tieres zunächst selbst beklopfen: Ihre Ängste, Ihre Wut, Ihren Ärger, Ihre Schuldgefühle usw. Erst danach wenden Sie sich bitte Ihrem Tier zu.

Der weitere Verlauf

- Nehmen Sie gedanklich = energetisch Kontakt zu dem Tier auf, das Sie behandeln möchten. Es muss zwar nicht unbedingt ganz in Ihrer Nähe sein, aber manchmal ist es von Vorteil, wenn Sie direkt neben dem Tier stehen oder sitzen, während Sie sich beklopfen. Konzentrieren Sie sich auf die Symptome Ihres Tieres (Angst vor Gewitter, erhöhte Aggressivität gegenüber Artgenossen, körperliche Probleme, Unfallfolgen, Appetitmangel, seelische Probleme etc.).
- Massieren Sie sich dann den Heilenden Punkt und sprechen Sie dabei dreimal den Heilenden Satz für Ihr

Tier (»Obwohl Waldi solche Angst vor großen Hunden hat, liebe und akzeptiere ich Waldi so, wie er ist.«).

- Beklopfen Sie jetzt bei sich die 14 Behandlungspunkte und wiederholen bei jedem Punkt einmal den Behandlungssatz, in unserem Beispiel: »Waldis Angst vor großen Hunden«.
- Dann folgt die Handrückenserie.
- Diese Behandlung wiederholen Sie gegebenenfalls so lange, bis sich die Angst bei Ihrem Tier aufgelöst hat.

Sollten Ihnen während der Behandlung andere Themen das Tier betreffend bewusst werden, behandeln Sie diese wie eben beschrieben. So könnte Ihnen zum Beispiel plötzlich einfallen, dass Waldi vor drei Jahren von einem großen Hund gebissen wurde. Vertrauen Sie hier ganz auf Ihre Intuition.

Die Behandlung im Überblick

- Auf das Tier einstimmen, indem Sie einfach an es denken und an das Problem, welches behandelt werden soll.
- Den Behandlungssatz entwickeln, z. B. »Waldi hat diese schreckliche Angst vor großen Hunden«.
- Den Heilenden Satz bilden (»Obwohl Waldi diese schreckliche Angst vor großen Hunden hat, liebe und akzeptiere ich Waldi so, wie er ist.«) und dabei Ihren Heilenden Punkt reiben.
- Alle 14 Punkte klopfen und dabei den Behandlungssatz sprechen (»Waldis Angst vor großen Hunden«).
- Handrückenserie.

Eine weitere Möglichkeit, Ihr Tier zu behandeln, besteht darin, dass Sie so tun, als seien Sie das Tier. Das heißt, Sie identifizieren sich mit dem Tier und sprechen in der Ich-Form.

In diesem Fall könnte ein Beispiel für den Heilenden Satz so lauten: »Obwohl ich, Waldi, solche Angst vor großen Hunden habe, liebe und akzeptiere ich mich so, wie ich bin.«

Dementsprechend hieße der Behandlungssatz: »Meine Angst vor großen Hunden«.

Vergewissern Sie sich professioneller Hilfe, wenn Sie in der Behandlung des Tieres nicht weiter wissen.

Häufig gestellte Fragen

F: *Was mache ich, wenn der Patient den Heilenden Satz nicht aussprechen möchte?*

A: Manchmal kommt es vor, dass Patienten aufgrund von starker emotionaler Bewegung oder Rührung oder auch mit der Begründung, dass sie sich ja nicht lieben und akzeptieren, den Heilenden Satz nicht aussprechen möchten. Wir fragen dann den Patienten, ob wir den Heilenden Satz für ihn aussprechen sollen, während er selbst seinen Heilenden Punkt reibt. Dasselbe gilt für den zweiten Satz, »Obwohl ich es nicht verdient habe, dieses Problem zu verlieren«. Auch hier hat es denselben Effekt, wenn der Behandler diesen Satz für den Patienten ausspricht.

F: *Muss ich in der Selbstbehandlung jedes Mal in der Skala von 0 bis 10 einschätzen, wie hoch meine Belastung in Bezug auf das emotionale Thema ist?*

A: Die Einschätzung auf der Skala von 0 bis 10 ist eigentlich nur notwendig, wenn man mit Patienten arbeitet, um als Therapeut einschätzen zu können, ob sich nach dem Klopfdurchgang der Skalenwert verringert hat. In der Selbstbehandlung ist es nicht unbedingt erforderlich, da man ja selbst spürt, ob es einem in Bezug auf sein Thema besser geht oder nicht.

F: *Gibt es bei MET, wie in der Homöopathie, eine so genannte Erstverschlimmerung?*

A: In seltenen Fällen kann es vorkommen, dass es Patienten nach der Behandlung etwas schlechter geht. Dieser Zustand hält dann allerdings nur kurz an.

F: *Ist es für einen Heilerfolg notwendig, genau den richtigen Satz zu treffen?*

A: Den richtigen Satz gibt es in dem Sinn nicht, sondern nur den Satz, der für den Behandelten stimmig ist und das Thema am ehesten trifft.

F: *Sollte man beim Klopfen immer versuchen, auf den Skalenwert 0 zu kommen, oder ist es in Ordnung, wenn man nach zwei bis drei Durchgängen auf 1 oder 3 angelangt ist?*

A: Wenn der Skalenwert nur auf 1 bis 3 gegangen ist und sich in Bezug auf das alte Thema nicht mehr verändert, bedeutet dies nach unserer Erfahrung, dass ein neues Thema aufgetaucht ist, das entsprechend neu benannt werden muss und dann mit einem erneuten Klopfdurchgang beklopft werden sollte.

F: *Wie behandle ich Probleme bei Angehörigen, die das Klopfen ablehnen?*

A: Grundsätzlich gilt die Regel, dass man nur Menschen behandelt, die für die Behandlung auch wirklich offen sind. Anderenfalls ist die betreffende Person für die Heilung ihrer Problematik noch nicht reif.

F: *Ist die Wahl der Körperseite beim Klopfen von Bedeutung?*

A: Für den Erfolg einer MET-Behandlung ist es nicht wichtig, auf welcher Körperseite man die Meridianpunkte klopft. Man kann auch während eines Klopfdurchganges von einer Seite zur anderen wechseln.

F: *Kann ich auch im Sitzen klopfen?*

A: Kein Problem! Man kann im Sitzen, Stehen oder Liegen klopfen.

F: *Wirkt die Behandlung effektiver, wenn ich von jemand anderem beklopft werde?*

A: Nicht grundsätzlich. Aber manchmal ist es besser, von jemand anderem beklopft zu werden, da man sich dann besser auf seinen Prozess konzentrieren kann. Zudem gibt es oft Themen, bei denen man selbst den Wald vor lauter Bäumen nicht sieht, während das Gegenüber oft gute Hinweise geben kann, was als Nächstes beklopft werden sollte.

F: *Warum wird der Lebermeridian nicht beklopft?*

A: Der betreffende Lebermeridianpunkt befindet sich zweieinhalb Zentimeter unterhalb der Brustwarze, weshalb das Beklopfen besonders bei Frauen schwierig ist. Zudem wird in der MET-Behandlung der Lebermeridian über den Scheitelpunkt (13) erreicht.

F: *Muss man nach dem Beklopfen der 14 Punkte jedes Mal die Handrückenserie machen?*

A: Prinzipiell empfiehlt es sich. Allerdings kann es im weiteren Verlauf einer MET-Behandlung dazu kommen, dass in ziemlich schneller Folge schon während des Beklopfens neue Themen hochkommen. In diesen Fällen reicht es oft aus, nur die 14 Behandlungspunkte zu klopfen.

F: *Muss ich alle Punkte zu Ende klopfen, wenn während des Beklopfens nach nur zwei oder drei Punkten das alte Thema nicht mehr vorhanden ist und ein neues Thema im Vordergrund ist?*

A: Nach unserer Erfahrung kann man dann mit dem neuen Thema weiterklopfen. Man braucht nicht wieder mit dem Heilenden Satz in Bezug auf das neue Thema anfangen, sondern fängt mit dem ersten Klopfpunkt wieder an.

F: *Es kommt manchmal nach einer Klopfsequenz ein anderes Thema hoch, obwohl der Skalenwert für das alte Thema noch nicht sehr weit abgesunken ist. Was ist dann zu tun?*

A: In diesem Fall wird das neue Thema beklopft, da es sich in den Vordergrund geschoben hat, also bewusst geworden ist. Das alte Thema ist wahrscheinlich auf null, der Skalenwert bezieht sich mit hoher Wahrscheinlichkeit auf das neue Thema.

F: *Muss es zu jedem Problem, das ich habe, ein Gefühl geben?*

A: Nein. Bei Einstellungen (»Das finde ich doof«), Glaubenssätzen (»Ich kann das nicht«) oder Überzeugungen (»Die Welt ist schlecht«) sind keine Gefühle vorhanden. Dann nehmen Sie nur den betreffenden Satz und beklopfen ihn.

F: *Darf Trauer sofort weggeklopft werden oder muss erst Trauerarbeit geleistet werden?*

A: Wenn der Trauernde es wünscht, kann er mit MET behandelt werden. Nach unserer Erfahrung ist Trauerarbeit dann nicht mehr erforderlich, da der Trauernde durch MET sofort die Möglichkeit erhält, sein Leben wieder aktiv und kreativ zu gestalten.

F: *Darf ich während der Schwangerschaft und während der Entbindung klopfen?*

A: In dieser Zeit bietet es sich geradezu an, die auftauchenden Themen mit MET zu beklopfen, sofern es die Schwangere oder Gebärende wünscht: »Angst vor der Entbindung.« – »Angst vor den Schmerzen.« – »Angst, ein krankes Kind zu gebären.« – »Angst vor einer Frühgeburt.« Auch Übelkeit, Schmerzen und dergleichen lassen sich sehr gut beklopfen.

F: *Kann ich selbst meine Wechseljahrsbeschwerden klopfen?*

A: Ja. Mit MET lassen sich die üblichen Probleme (Schweißausbrüche, Hitzewallungen) hervorragend auflösen.

F: *Wieso funktioniert das Klopfen beim Prozess »Innere Wunden Heilen«, wenn man bei einer MET-Behandlung doch immer das nehmen soll, was im Vordergrund ist?*

A: Weil man aus dem Pool von Themen bewusst eines in den Vordergrund holt.

F: *Was hat es zu bedeuten, wenn der Patient während des Beklopfens seinen Behandlungssatz vergisst oder sich ständig verspricht?*

A: Dies ist ein Hinweis darauf, dass sich die Thematik aufgelöst hat und der Patient sich im Hinblick auf sein Problem auf einer neuen Bewusstseinsebene befindet.

F: *Was bedeutet es, wenn ich während der Behandlung tief ausatme?*

A: Auch dies ist ein sehr gutes Zeichen, denn es bedeutet, dass sich das Problem aufgelöst hat.

F: *Auf welchen Gebieten lässt sich MET genau zum Einsatz bringen?*

A: Gute Erfolge konnten wir und die von uns ausgebildeten MET-Therapeuten bereits bei folgenden Problemen erzielen: Ängste aller Art, Phobien, Essstörungen, Traumata, Depressionen, Trauer, Schuldgefühle, Scham, Verzweiflung, Eifersucht, Wut, Ärger, Hass, Groll, Zorn, Posttraumatisches Stresssyndrom, Leistungsblockaden, Stress, Aufmerksamkeits-Defizit-Störung, Zwangsvorstellungen, Zwangsstörungen, Gier, Verlangen nach Suchtstoffen, Asthma, Allergien, Erkältungen, Schmerzen jeglicher Art, Erschöpfung, Müdigkeit, Migräne, Schlafstörungen, Wechseljahrsbeschwerden. Es gibt also praktisch nichts, was man mit MET nicht beklopfen kann. Grundsätzlich gilt: einfach ausprobieren.

Seminarangebot der Europäischen Akademie für Energetische Therapien S. L.

Nachdem Sie dieses Buch jetzt gelesen haben, verfügen Sie über einige Kenntnisse in der Anwendung von MET. Jedoch hat ein Buch nicht die Tiefe und vor allem nicht die Dynamik und Anschauungskraft eines Seminars. Deshalb bieten wir im Rahmen der Europäischen Akademie für Energetische Therapien S. L. Seminare sowohl für Therapeuten als auch für Laien an. Hierfür entwickelten wir ein aufeinander aufbauendes Seminarkonzept. Dieses Konzept wird mittlerweile von uns und den von uns ausgebildeten Trainern in vier Ländern umgesetzt. Darüber hinaus haben wir mehrere themenspezifische Seminare für Laien und Therapeuten entwickelt. Zudem plant die Akademie für das Jahr 2005, das ambulante MET-Behandlungszentrum auf Mallorca um ein stationäres Behandlungszentrum zu erweitern, welches sich im Besonderen der Behandlung von Trauma-, Angst- und Phobiepatienten widmet.

Seminare für Laien

Grundseminar

Im MET-Grundseminar wird MET an freiwilligen Teilnehmern demonstriert und erklärt. In Übungen lernen die Teilnehmer die Selbst- und Fremdbehandlung mit

MET und werden praktisch in den Prozess »Innere Wunden heilen« eingeführt. Das Grundseminar dient vornehmlich der Selbsterfahrung mit MET. Eine normale psychische und physische Belastungsfähigkeit ist erforderlich. Weitere Inhalte: MET mit Kindern, mentales Klopfen, Stellvertreterklopfen und MET mit Tieren.

Aufbauseminar
Hier geht es um eine Vertiefung der Inhalte des Grundseminars. Folgende Themen stehen im Vordergrund:

Beantwortung von Fragen, Vertiefung des Themas Heilende Sätze, Schlüsselbeinatmung nach Callahan, Behandlung von Übergewicht, MET und Wahlmöglichkeiten/Affirmationen, Erreichen von Zielen und Wünschen mit MET, MET und Vergebung.

Ausbildung zum MET-Therapeuten

Für Ärzte, Diplom-Psychologen und Heilpraktiker, Abschluss als MET-Therapeut/-in.

Grund- und Aufbauseminar: wie oben beschrieben.

MET-Therapeutenseminar
Themen dieses Seminars: Behandlung von Süchten mit MET, Einführung und praktisches Arbeiten mit BSFF™ nach Larry Nims, TAT nach Tapas Fleming, Behandlung von traumatisierten Patienten, Einführung in die Gestalttherapie, Prüfung. Abschluss als MET-Therapeut/-in.

Ausbildung zum MET-Berater

Wie Ausbildung zum MET-Therapeuten. Für alle beratenden Berufe wie z. B. (Diplom-)Sozialpädagogen, Krankenschwestern, Altenpfleger, Lehrer, Coaches, (Geist-) Heiler, Reikimeister, Physiotherapeuten, Lebensberater, Gesundheitsberater usw.; Abschluss als MET-Berater/-in. Änderungen der Seminarinhalte vorbehalten.

Themenspezifische Seminare

Geld-Überfluss-Seminar

Teilnahmevoraussetzung ist das MET-Grundseminar. Die Teilnehmer werden durch einen intensiven Prozess hindurch begleitet, in welchem tief sitzende Glaubenssätze und Überzeugungen in Bezug auf Geld ausfindig gemacht und mit MET aufgelöst werden. Dieses Seminar führt zu einer völlig neuen Sicht auf den Umgang mit Geld.

Themen u. a.: Geldbotschaften aus der Kindheit, Glaubenssätze über Geld, Lebensaufgabe erarbeiten, neue Affirmationen und Wahlmöglichkeiten in Bezug auf Geld.

Nichtraucherseminar

Dieses Seminar hat keine Eingangsvoraussetzungen und richtet sich an alle, die ihre Nikotinsucht mit MET für immer auflösen wollen.

MET bei Übergewicht

Aufdecken der tieferen Ursachen von Essproblemen und Übergewicht und deren Auflösung durch MET.

MET-Grundseminar für Adoptiv- und Pflegeeltern.

Weitere Seminare sind in Vorbereitung: Mann-/Frau-, MET mit Familien und Paaren, Supervision, Frauen, u. v. a. m.

Nähere Informationen zu unseren Seminaren finden Sie auf unserer Webseite www.eafet.com. Sie können auch unsere Broschüre unter unserer Postanschrift oder per Telefon (0034-971-662823) oder Fax (0034-971-664256) anfordern.

Im Rahmen der MET-Coaching Europe S. L. bieten wir in Deutschland eine Ausbildung zum MET-Coach an. Nähere Informationen finden Sie auf unserer Webseite www.met-coaching.de und www.met-coaching-europe.com.

Eine Liste von MET-Beratern bzw. MET-Therapeuten finden Sie ebenfalls auf unserer Webseite.

Dank

An dieser Stelle möchten wir allen »sichtbaren« und »unsichtbaren« Helfen danken, die dieses Buch ermöglicht, zu bestimmten Inhalten beigetragen, uns in der Diskussion begleitet und inspiriert haben. Bei den »sichtbaren« Helfern sind zu nennen: Christiane Boustani, Brita Dahlberg, Harald Felkeneyer, Dagmar Lautenbach-Dinse, Lutz Mehlhorn, unser Büroteam, welches uns wacker den Rücken freigehalten hat, sowie allen Patienten und Seminarteilnehmern, die unseren Erfahrungsschatz durch ihr Vertrauen so unermesslich bereichert haben.

Und zu guter Letzt gilt unser Dank natürlich unseren Kindern Ramón und Samira, die unser Abtauchen in die Welt des Bücherschreibens mit unendlicher Geduld ertragen haben und jetzt froh sind, dass es wieder ein normales Familienleben gibt.

Literatur

Callahan, Roger J., Den Spuk beenden, Kirchzarten 2001
Carrington, Pat, How to Create Positive Choices in Energy, o. O., o. J.
Chopra, Deepak, Die Körperzeit, München 2001
Diamond, John, Die heilende Kraft der Emotionen, Kirchzarten 2001
dtv-Atlas Akupunktur, München 1999
Franke, Rainer, und I. Schlieske, Klopfen Sie sich frei!, Tutzing 2004
Gallo, Fred: Energetische Psychologie, Kirchzarten 2000
Hawkins, David, Die Ebenen des Bewusstseins, Kirchzarten 1997
Hello Happy Feelings, Talk, Trust&Feel Therapeutics, Tucson, Arizona, o. J.
Holey, Jan Udo, Die Kinder des Neuen Jahrtausends, Fichtenau 2001
Lambrou, Peter T., und G. Pratt, Emotionales Selbstmanagement, München 2000
Martina, Roy, Emotionale Balance, Burgrain 2002
Psychology – Choices Training Manual, o. O., o. J.
Perls, Fritz: Das Ich, der Hunger und die Aggression, München 1989
Roman, Sanaya, und D. Packer, Kreativ Reichtum schaffen, Berlin 2004
Sheldrake, Rupert, Der siebte Sinn der Tiere, München 2001
Ti Tonisa Lama, Das Buch der Heilung, Seeon 1996